Choron et De Lafage.

MANUEL COMPLET DE MUSIQUE

ou

ENCYCLOPÉDIE MUSICALE

Par

AL. ET. CHORON,

Ancien Directeur de l'Opéra, Fondateur du Conservatoire de Musique Classique &c. &c.

et J. Adrien DE LAFAGE,

Professeur de Chant et de Composition.

2E PARTIE, TOME IIIE. — INSTRUMENTATION, UNION DE LA MUSIQUE AVEC LA PAROLE, GENRES.

PARIS { *Librairie Encyclopédique de* RORET *Rue Hautefeuille N.º 10 bis au coin de celle du Battoir.*
SCHONENBERGER, *Éditeur de Musique, Boulevart Poissonnière, N.º 10.*

MANUELS-RORET.

NOUVEAU MANUEL COMPLET DE MUSIQUE VOCALE ET INSTRUMENTALE, OU ENCYCLOPÉDIE MUSICALE,

PAR A.-É. CHORON,
Ancien directeur de l'Opéra,
Fondateur du Conservatoire de musique, classique et religieuse ;

ET J. ADRIEN DE LAFAGE,
Professeur de chant et de composition, Maître de chapelle à Paris.

SECONDE PARTIE. — COMPOSITION.

TOME TROISIÈME. — INSTRUMENTATION, UNION DE LA MUSIQUE AVEC LA PAROLE, GENRES.

PARIS.

LIBRAIRIE ENCYCLOPÉDIQUE DE RORET, RUE HAUTEFEUILLE, 10 BIS.

SCHONENBERGER, ÉDITEUR DE MUSIQUE, BOULEVART POISSONNIÈRE, 10.

PARIS. — IMPRIMERIE ET FONDERIE DE FAIN,
Rue Racine, 4, place de l'Odéon.

LIVRE VI. INSTRUMENTATION

Ière Section. Voix et Instrumens séparés.

TABLEAU COMPARÉ DES VOIX HUMAINES.

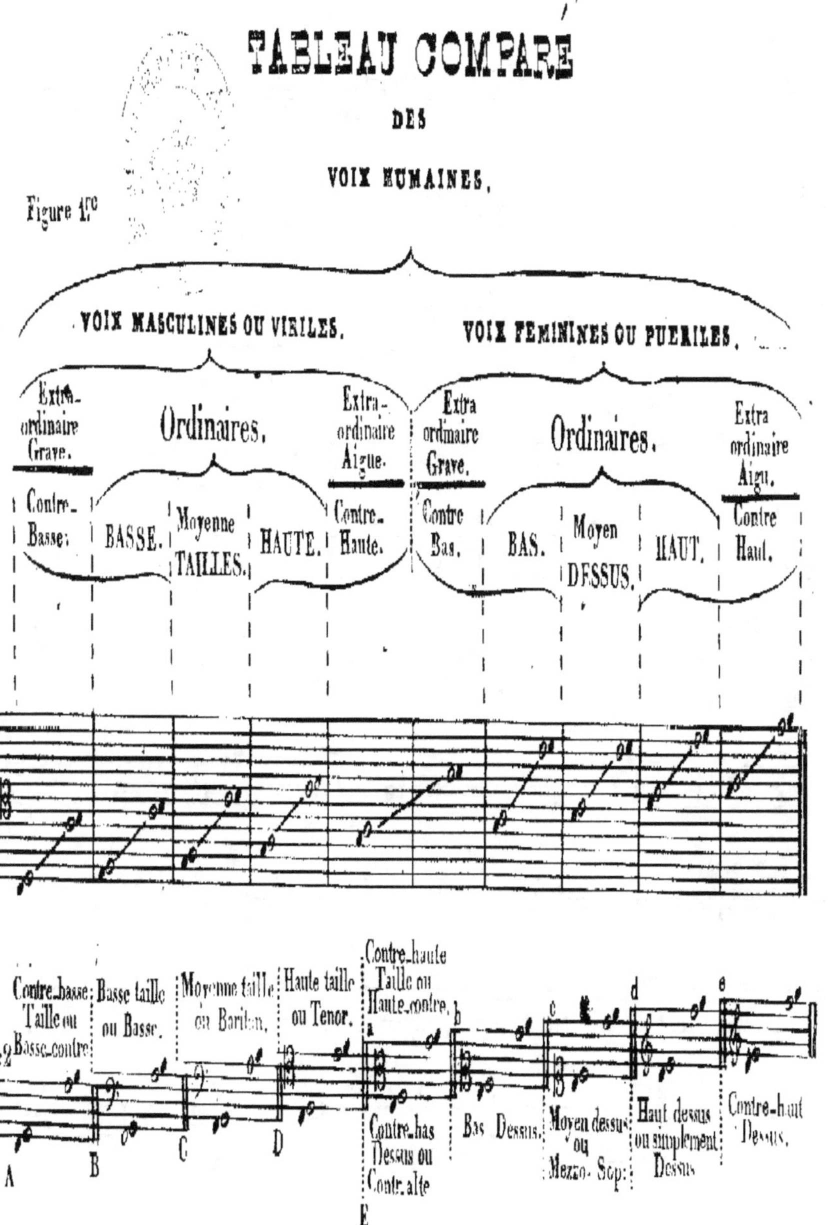

Fig: 3
Fig: 4
Fig: 5
Fig: 6
Fig: 7

Fig: 8
2me 3me 4me 5me 6me 7me 8me 9me

Fig: 27
28
29
30
31
32
33
34
35
36
37
38
39
40 à l'8ve
41 à l'8ve
42 à l'8ve
43 à l'8ve
44 à l'8ve
45 à l'8ve
46 à l'8ve
47 à l'8ve
48 à l'8ve
49 à l'8ve
50 à l'8ve
51
52
53
54
Petite Flute.
55
Grande Flute.
56
à l'8ve
57
ou
58
Grande Flute.
59 Petite Flute en Mi b.

Petite Flute en FA.
Grande Flute.
ou

Chalumeau.
Clarinette.
tons aigus.
étendue de la plus usitée.
(son passager.) tenues. ten. ten. ten.
Fig:82
Étendue pour toute espèce de Clarinette.
Unisson de la grande Clarinette en SOL.
Unisson de la grande Clarinette en LA.
Unisson de la Clarinette en SI ♭.
Unisson de la Clarinette en SI ♮.
Unisson de la Clarinette en UT.
Unisson de la petite Clarinette en RÉ.
Unisson de la petite Clarinette en MI ♮.
Unisson de la petite Clarinette en FA.
Alto.
Violon.

Fig: 83
Petite Clarinette en FA.
Petite Clarinette en MI♭.
Clarinette en UT. ton naturel du trait.
Clarinette en SI♭.
Clarinette en LA.
84
1re Clarinette.
85
2me Clarinette.
1re Clarinette en SOL.
86
2me Clarinette en SOL.
1re Clarinette en LA.
87
2me Clarinette en LA.
1re Clarinette en SI♭ ou ♮.
88
2me Clarinette en SI♭ ou ♮.
1re Clarinette en UT.
89
2me Clarinette en UT.
1re Clarinette en RÉ.
90
2me Clarinette en RÉ.
91
92

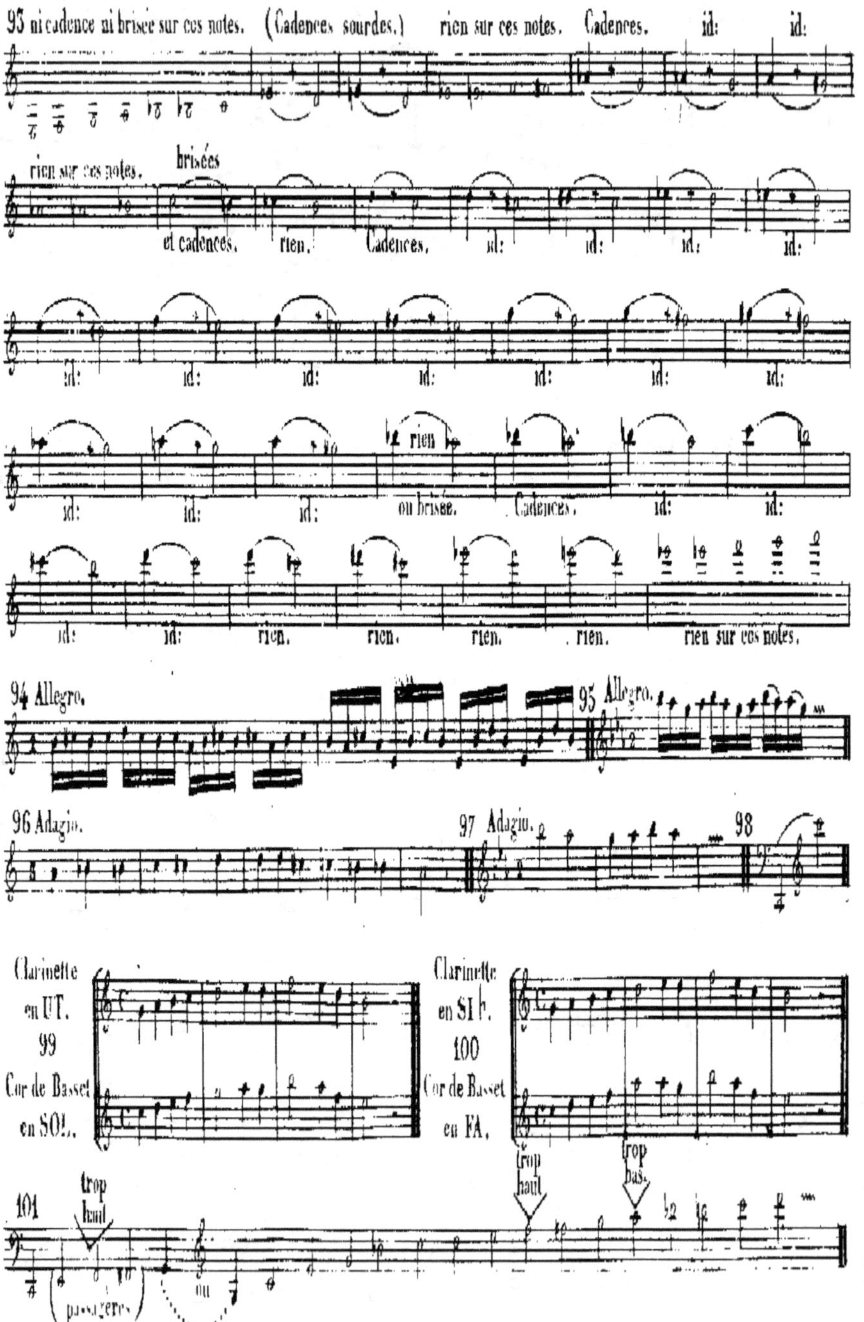
93 ni cadence ni brisée sur ces notes.
(Cadences sourdes.)
rien sur ces notes.
Cadences.
id:
id:
rien sur ces notes.
brisées
et cadences.
rien.
Cadences.
id:
id:
id:
id:
id:
id:
id:
id:
id:
id:
id:
id:
id:
id:
rien
ou brisée.
Cadences.
id:
id:
id:
id:
rien.
rien.
rien.
rien.
rien sur ces notes.
94 Allegro.
95 Allegro.
96 Adagio.
97 Adagio.
98
Clarinette
en UT.
99
Cor de Basset
en SOL.
Clarinette
en SI ♭.
100
Cor de Basset
en FA.
101
trop
haut
passagères
ou
trop
haut
trop
bas.

102
Etendue de toute espèce de Cors.
notes passagères.
trop haut.
trop haut.
Unisson du Cor en UT.
Basse.
Unisson du Cor en RE.
Basse.
Violon.
Unisson du Cor en MI♭.
Basse.
Violon.
Unisson du Co en MI♮.
Basse.
Violon.
Unisson du Cor en FA.
Basse.
Violon.
Unisson du Cor en SOL.
Basse.
Violon.
Unisson du Cor en LA.
Basse.
Violon.
Unisson du Cor en SI♭.
Basse.
Violon.
Unisson du Cor en SI♮.
Basse.
Violon.

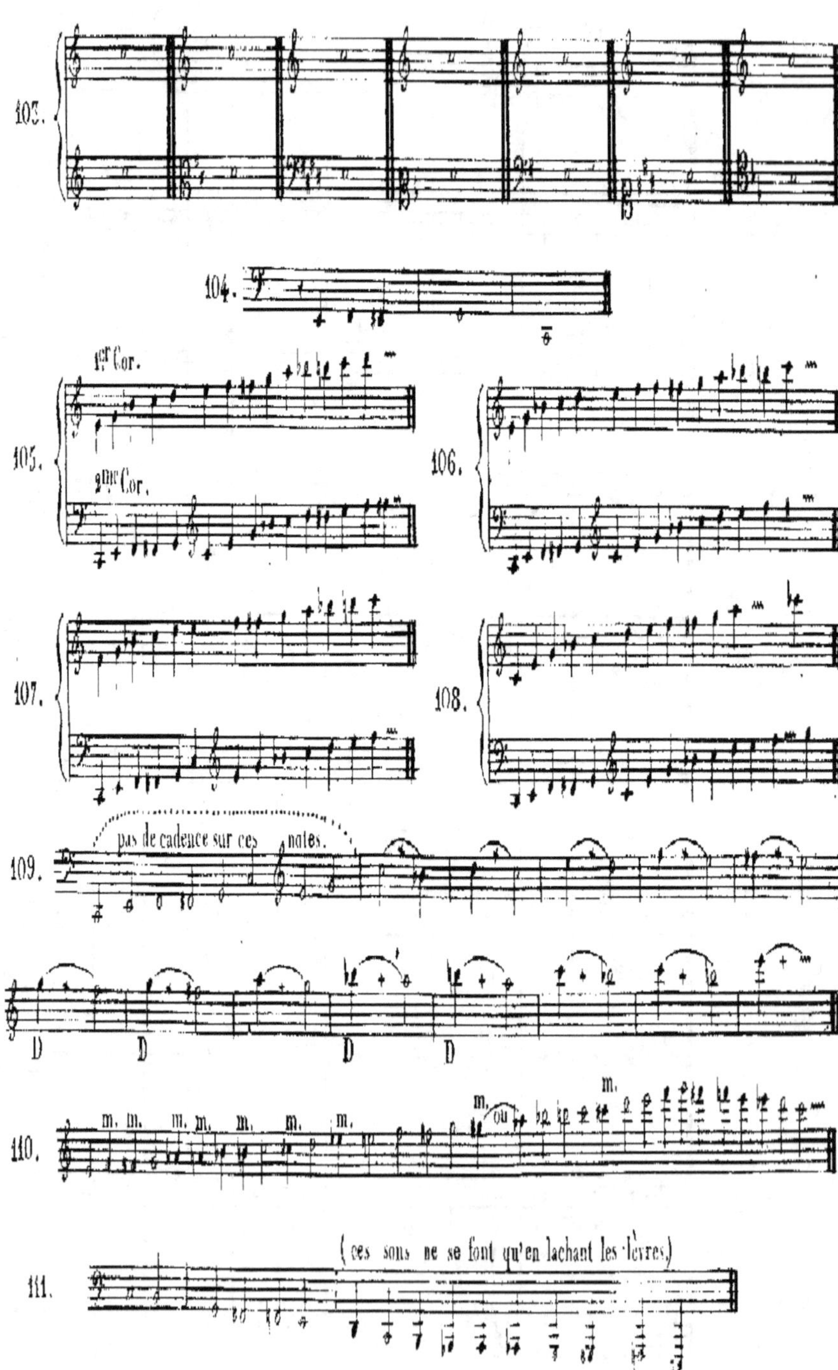
103.
104.
1er Cor.
2me Cor.
105.
106.
107.
108.
109.
pas de cadence sur ces notes.
D D D D
110.
m. m. m. m. m. m. m. m. ou m.
111.
(ces sons ne se font qu'en lachant les lèvres)

traits faciles pour 1er Cor.
112.
113.
moins faciles.
114.
115.
2d Cor.
116.
2d Cor.
117.
Cor obligé.
Fierement.
Violon.
m.
m.

traits difficiles pour un premier Cor.
Hautbois.
m
m
m
Violons.
Hautbois.
cres.
m
pp
m
m
m
m
m
pp
Hautbois

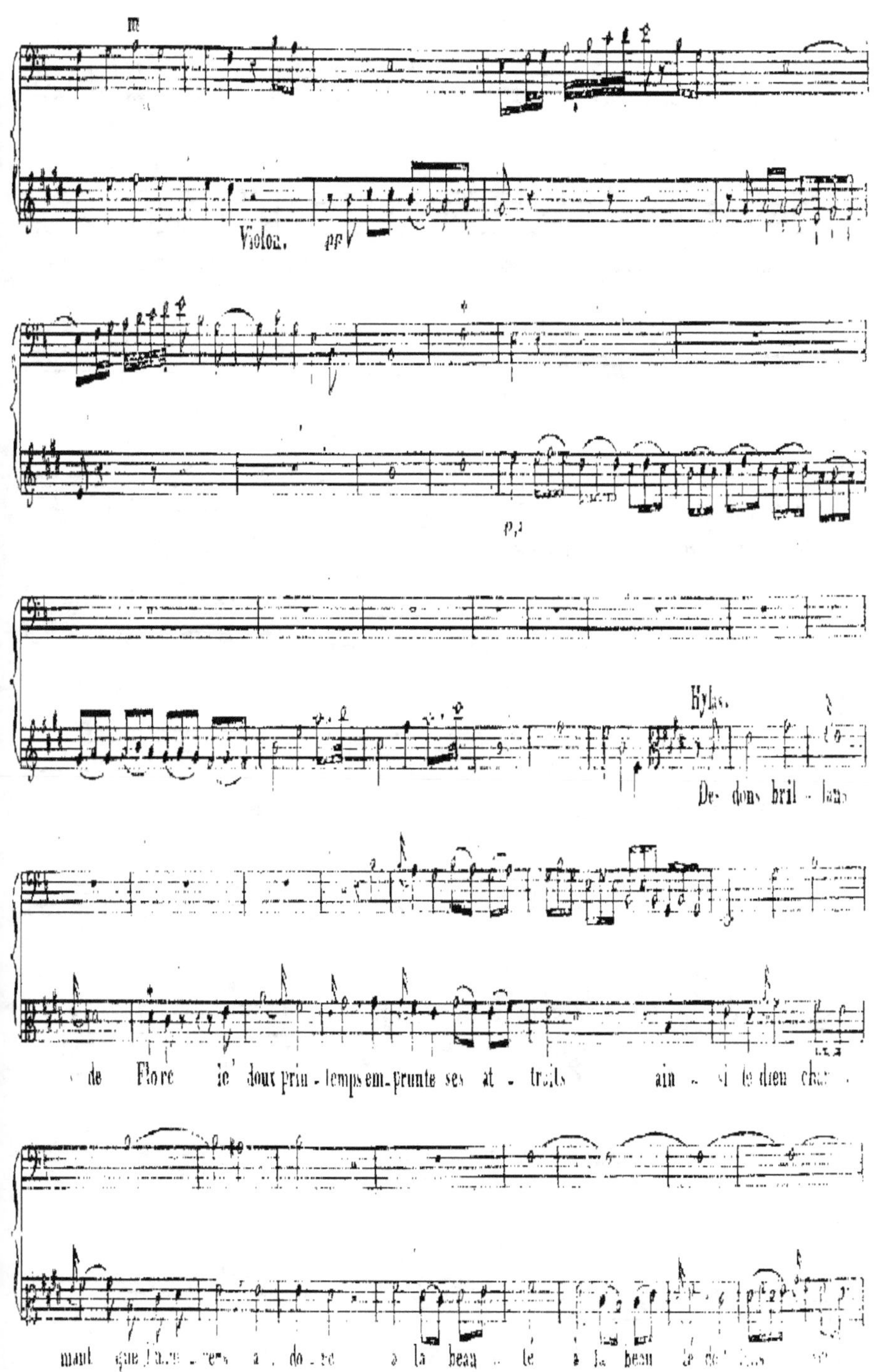
Violon.
Hylas.
De dons bril - lans
de Flore le doux prin - temps em - prunte ses at - traits
ain - si le dieu char -
à la beau - té à la beau - té

traits à la beau - té doit tous ses traits ain - si le dieu char - mant ain -
si le dieu charmant que l'univers a - do - re à la beau - té doit tous ses
traits à la beau - té à la beau - té doit tous ses
traits Violon. c'est el - le qui porte en nos âmes
le sen - timent et les de - sirs un seul de ses re - gards sur nous lan - ce les flâ - - -
m
p

mes du dieu que sui - vent les plai - sirs c'est el - le qui porte en nos â - -
mes le sen - ti - ment et les de - sirs un
seul de ses re - gard sur nous lan - ce les flâ
mes du dieu que sui - vent

les plai_sirs
Violons.
un seul de ses re-gards sur nous lan_ce les flâ
mes du dieu que sui-vent les plai-
sirs un seul de ses re_gard sur nous lan_ce les flâ

m
lent
mes du dieu que sui - - - vent les plai-sirs
Violons
m m
m
m
m
Hautbois.
m
tous.

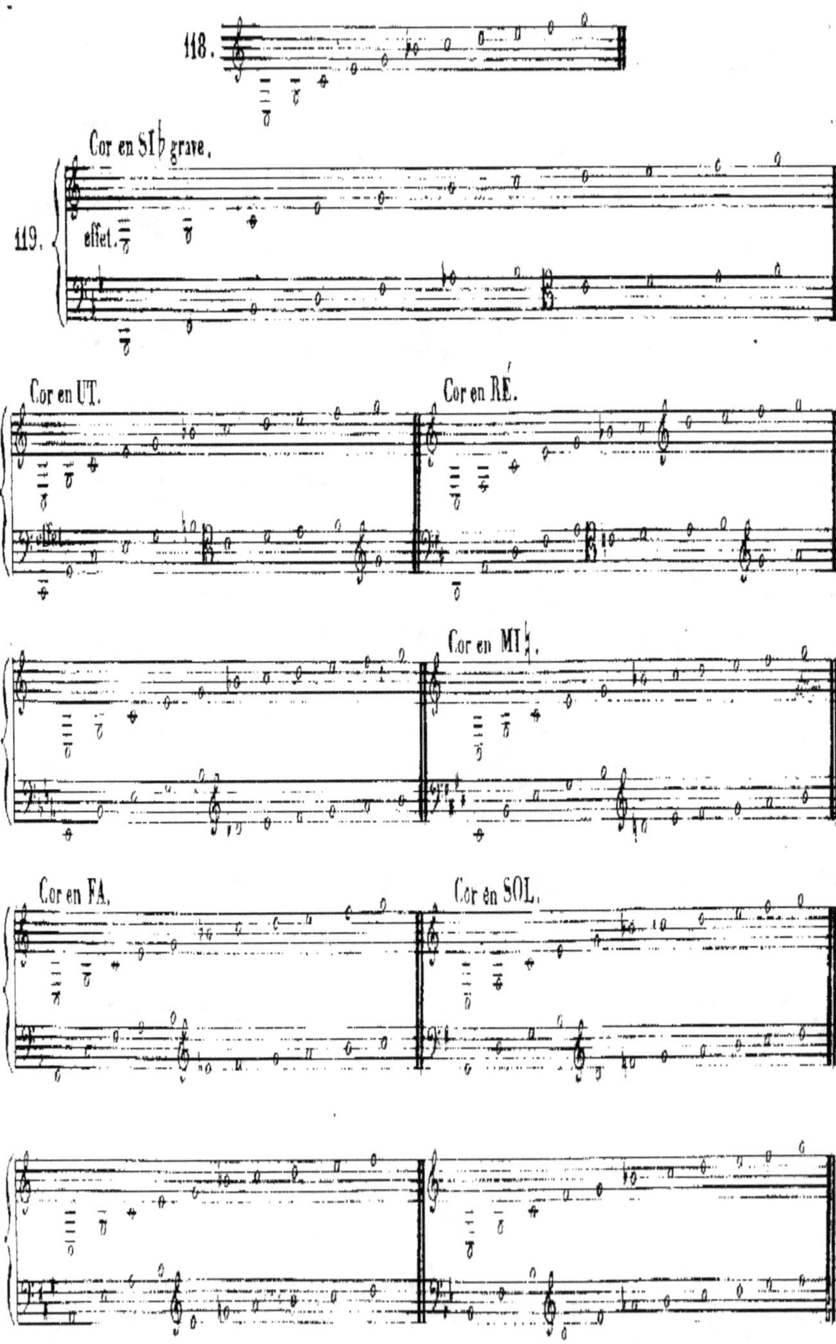
118.
Cor en SI♭ grave.
119.
effet.
Cor en UT.
effet.
Cor en RÉ.
Cor en MI♮.
Cor en FA.
Cor en SOL.

120
1re ou grande octave.
A
ou
ou
seconde octave.
ou
ou
troisième
ou
octave.
ou
D D
B
étendue la plus usitée.
C
121
ni cadences ni brisées sur ces notes.
ou
Cadence.
id:
id:
id:
id:
id:
id:
id:
Cad: brillante.
id:
brisé difficile.
Cad: brillante.
Cad: brillante.
brisée seulement.
id:
id:
Cad: brillante.
rien.
rien.
Cadence.
Cad: brillante.
Cad:
Cad:
Cad:
Cad:
Cad:
Cad: brillante.
id:
id:
id:
brisée seulement.
Cad: brillante.
id:
brisée seulement.
id:
id:
id:
rien ou brisée tout au plus.
Cadence.
rien.
ou
ni cadences ni brisées sur ces notes.

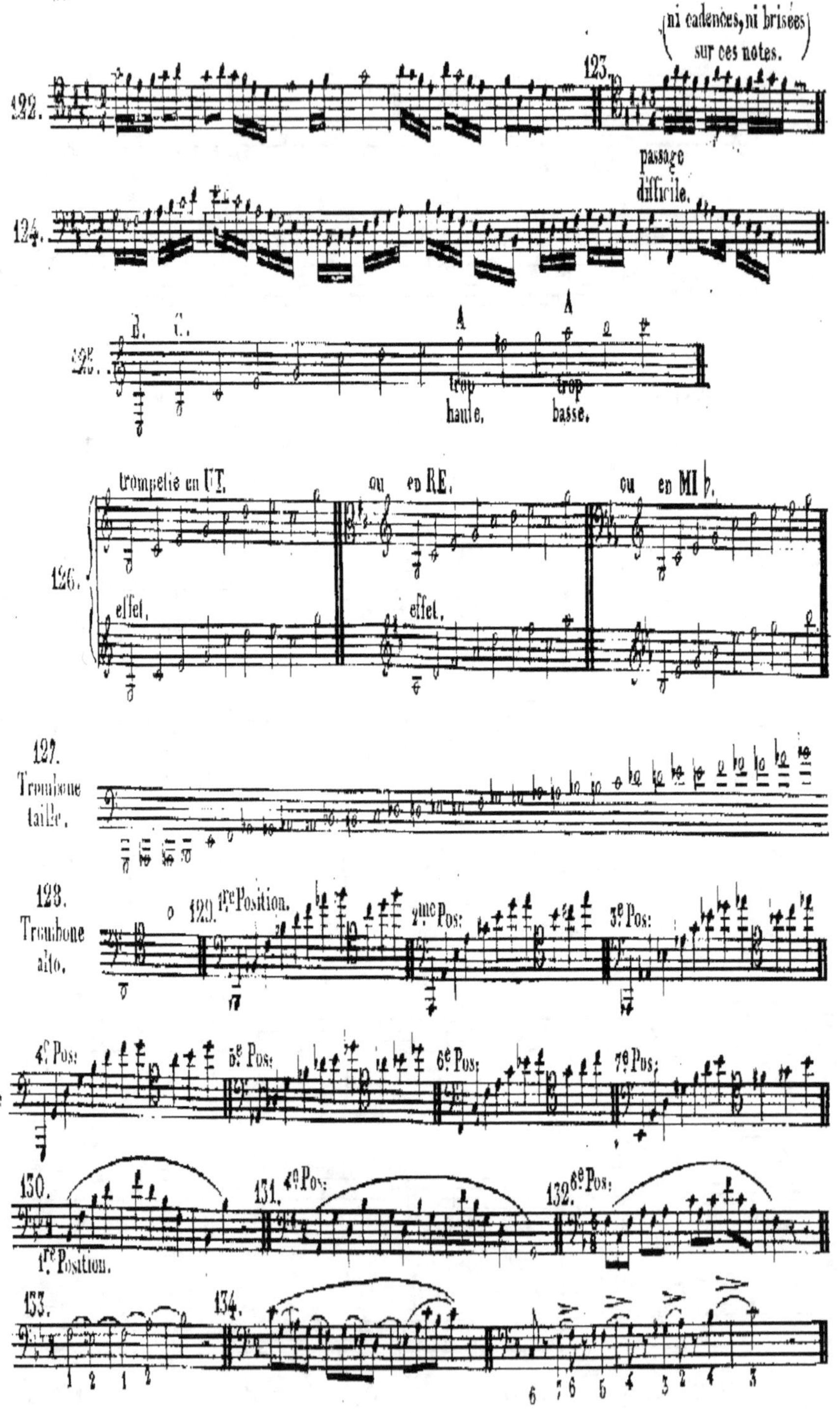
(ni cadences, ni brisées sur ces notes.)
122.
123.
passage difficile.
124.
B. C.
A
A
125.
trop haute.
trop basse.
trompette en UT.
ou en RE.
ou en MI ♭.
126.
effet.
effet.
127.
Trombone taille.
128.
Trombone alto.
129. 1re Position.
2me Pos:
3e Pos:
4e Pos:
5e Pos:
6e Pos:
7e Pos:
130.
1re Position.
131. 4e Pos:
132. 6e Pos:
133.
134.
1 2 1 2
6 7 6 5 4 3 2 4 3

136.
137.
138.
139.
tons factices parceque tous les trous sont bouchés
A
B
1re octave.
ou
ou
B
seconde octave.
ou
ou
B
D
troisième ou petite octave.
ou
ou
tons factices dont tous les trous sont bouchés et qu'on fait en serrant les lèvres.
140.
141.

142.

Gamme double pour tous les Flageolets et unisson du grand Flageolet en RÉ.

Unisson du petit Flageolet en RÉ.

Unisson du Flageolet en UT.

Unisson du Flageolet en SI.

Unisson du Flageolet en SI ♭.

Unisson du Flageolet en LA.

Unisson du Flageolet en SOL.

Unisson du Flageolet en FA.

Unisson du Flageolet en MI.

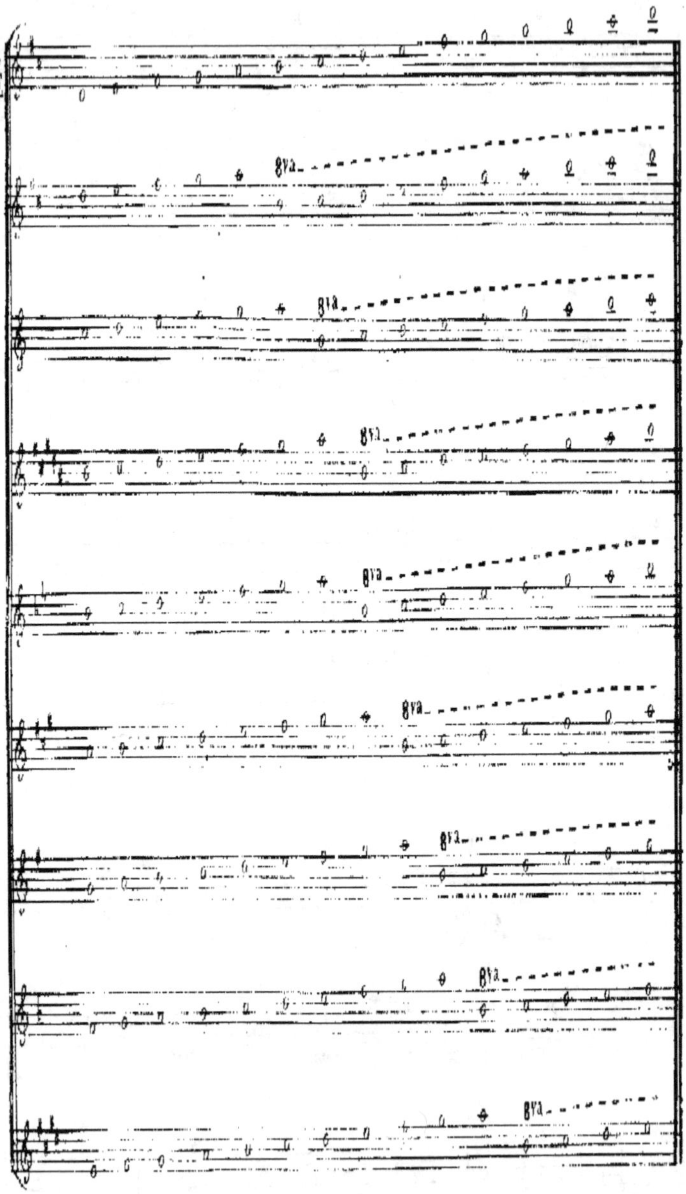

8va

143

144.
Cornet à Pistons
Unisson du Cornet en SI♭.
Unisson du Cornet en LA.
Unisson du Cornet en LA♭.
Unisson du Cornet en SOL.
Unisson du Cornet en FA.
Unisson du Cornet en MI.
Unisson du Cornet en MI♭.
Unisson du Cornet en RE.
145.
146.
147.
148.

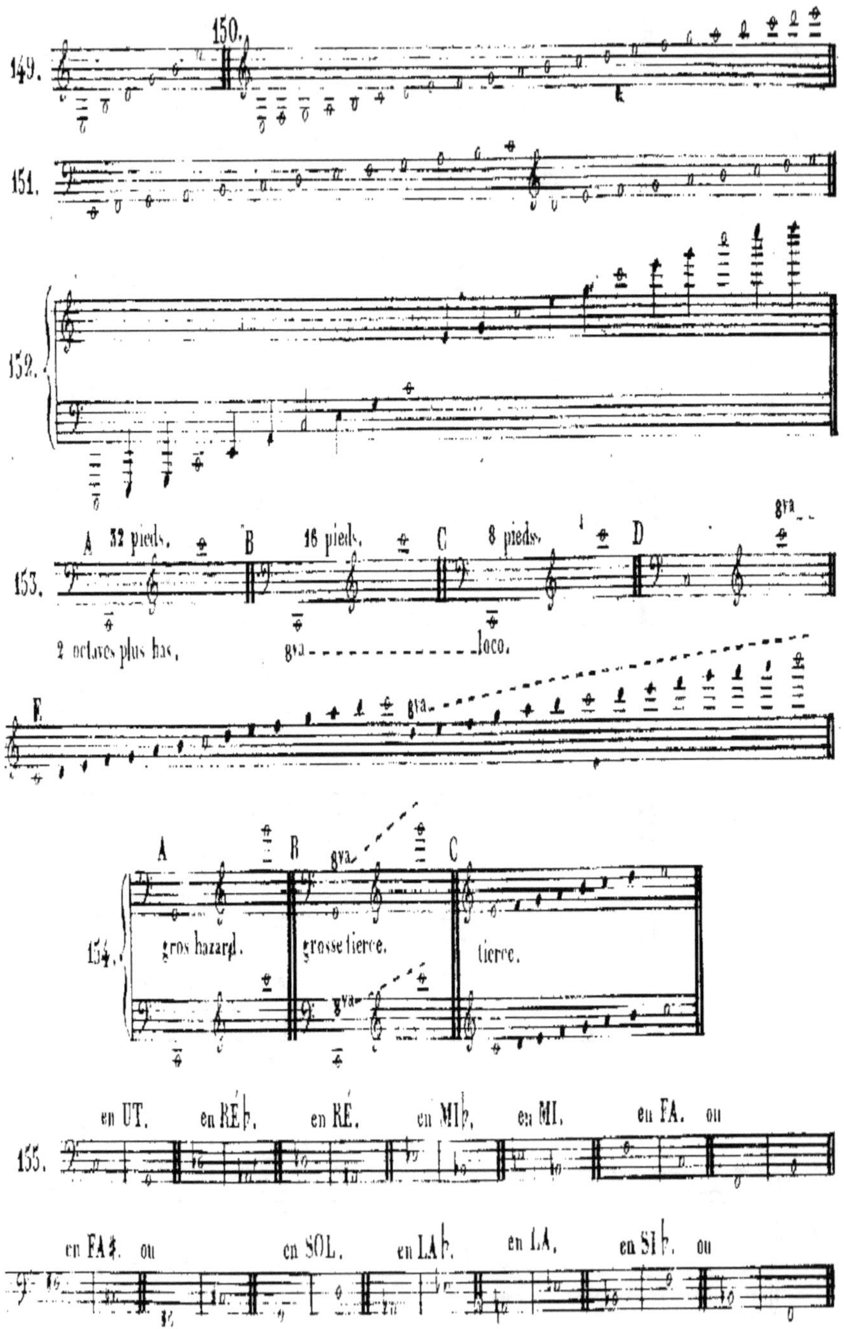
149.
150.
151.
152.
153.
A 32 pieds.
B 16 pieds.
C 8 pieds.
D
8va
2 octaves plus bas.
8va
loco.
F
8va
154.
A
B
C
8va
gros hazard.
grosse tierce.
tierce.
8va
155.
en UT.
en RÉ♭.
en RÉ.
en MI♭.
en MI.
en FA. ou
en FA♯. ou
en SOL.
en LA♭.
en LA.
en SI♭. ou

LIVRE VII.

Union du discours et de la musique.

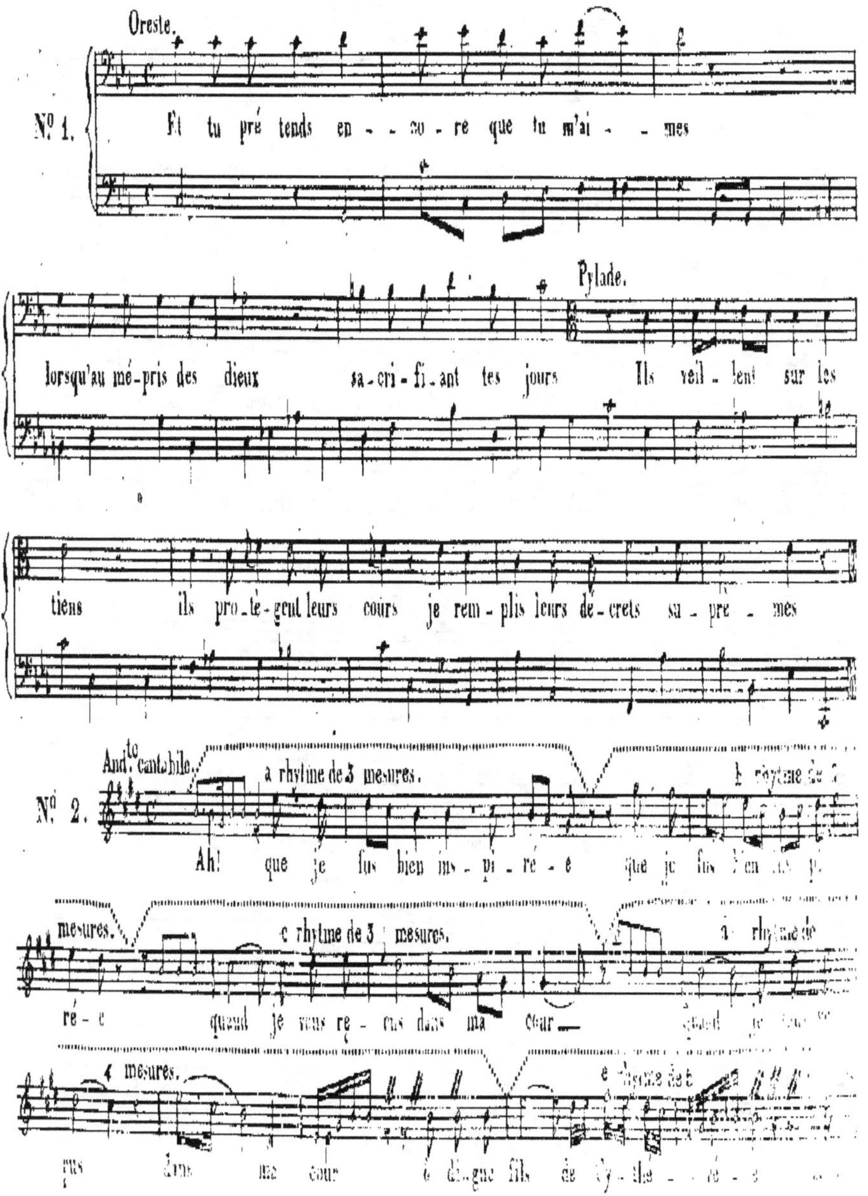

rhytme de
com-bien je rends grâ
j'ai beau le
6 mesures.
voir
il est donc vrai que je vous dois
rhytme de 3 mesures
vrai que je vous dois ah! que je fus bien ins-pi-ré-e que je
rhytme de 2 mesures.
rhytme de 3 mesures.
fus bien ins-pi-ré-e quand je vous re-çus dans ma cour
rhytme de 4 mesures.
quand je vous re-çus dans ma cour
rhytme de 6 mesures.
je rends grâ

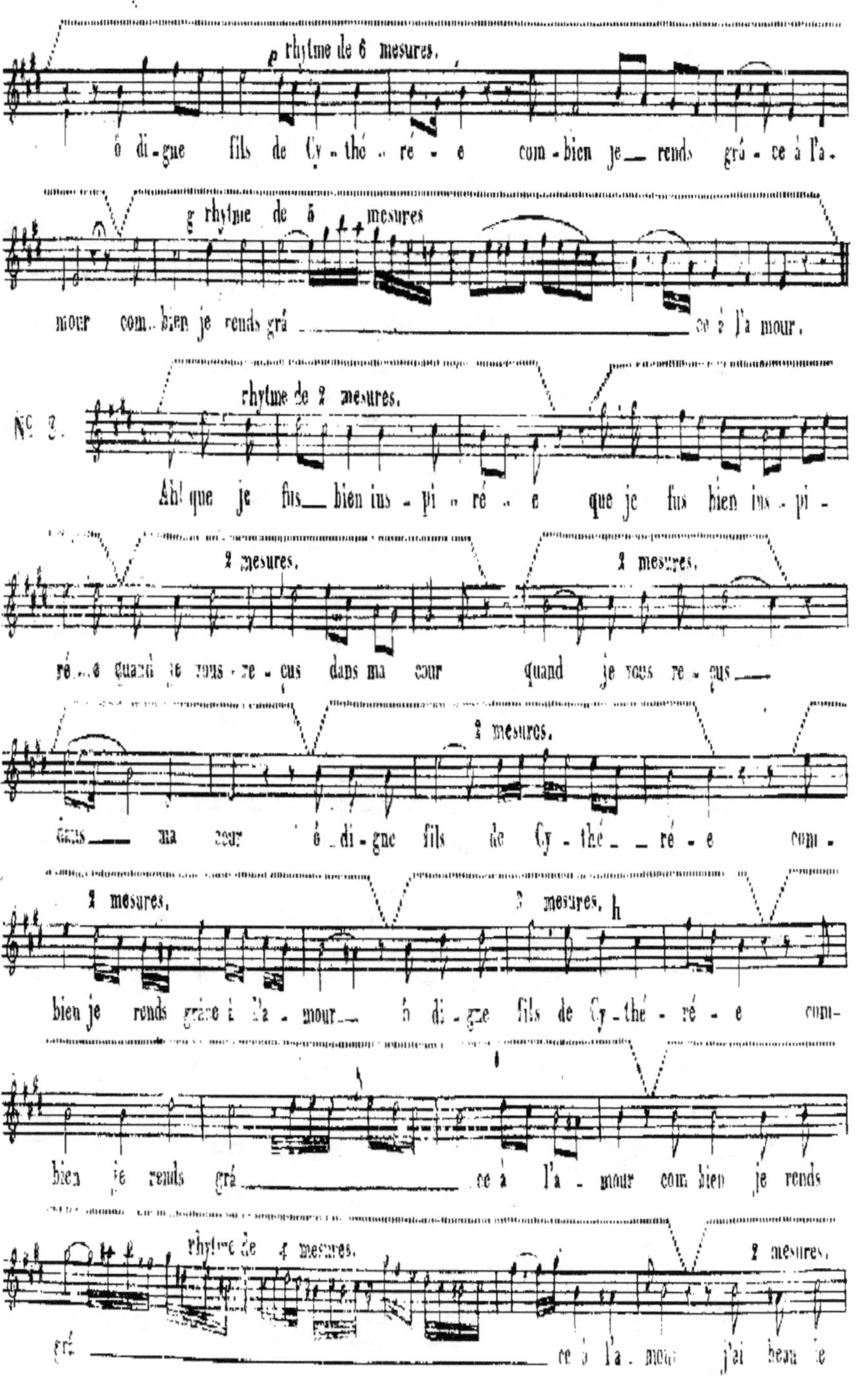
rhytme de 6 mesures.
ô di-gne fils de Cy-thé-ré-e com-bien je rends grâ-ce à l'a-
rhytme de 5 mesures
mour com-bien je rends grâ ce à l'a mour.
No 3.
rhytme de 2 mesures.
Ah! que je fus bien ins-pi-ré-e que je fus bien ins-pi-
2 mesures.
2 mesures.
ré-e quand je vous re-çus dans ma cour quand je vous re-çus
2 mesures.
dans ma cour ô di-gne fils de Cy-thé-ré-e com-
2 mesures.
mesures.
bien je rends grâce à l'a-mour ô di-gne fils de Cy-thé-ré-e com-
bien je rends grâ ce à l'a-mour com-bien je rends
rhytme de mesures.
2 mesures.
grâ ce à l'a-mour j'ai beau le

2 mesures.

vair je crois à pei-ne ce que Vé-nus a fait pour moi ce que Vé-

de même. de même. de même.

nus a fait pour moi aux mal-heurs cau-sés par Hé-lè-ne il est donc

de même. rhytme

vrai que je vous doi il est donc vrai que je vous doi. Ah! que je

de 2 mesures. de même. de même

fus bien ins-pi-ré-e que je fus bien ins-pi-ré-e quand je vous re-

de même. de même.

çus dans ma cour quand je vous re-çus— dans— ma

rhytme de 2 mesures. de même.

cour ô di-gne fils de Cy-thé-ré-e com-bien je rends grâ-ce à l'a-

rhytme de 4 mesures.

mour ô di-gne fils de Cy-thé-ré-e com-bien je rends grâ-ce à l'a-

de même.

mour combien je rends grâ——ce à l'a-mour.

Fin des Exemples du Livre VII.

LIVRE VIII,

première section.

11.
Psalmodie
du 2e mode.
De pro - fun - dis cla - ma - ri ad te do - mi - ne
do - mi - ne ex au-di vo-cem me-am Be - ne - dic - tus do - mi - nus de - us is - ra - ël
12.
Psalmodie
du 3e mode.
Di - xit do - mi - nus do - mi - no me - o do - mi - no me - o
se - de a dex-tris me - i
13.
Psalmodie
du 4e mode.
Di - xit do - mi - nus do - mi - no me - o
se - de a dex - tris me - i
14.
Psalmodie
du 5e mode.
Lau - da - te do - - mi - nus om - nes gen - tes
lau da - te e - mus om - nes po - pu - li
15.
Psalmodie
du 6e mode.
Di-xit do-minus do-mi-no me-o
se-de a dex-tris me-is
16.
Psalmodie
du 7e mode.
Di - - xit do - mi - nus do - mi - no me - o Di - - xit
se - de a dex - tris me - is

17.
Psalmodie du 8e mode.
Be - a - tus vir qui ti - met do - mi - num
in man-da-tis e jus vo-let ni-mis
18.
Psalmodies irregulieres.
In exi - tu Is-ra-ël de æ-gip-to do - mus Jacob de po-pu-lo bar-ba-ro.
lau-da - te do - mi-num om-nes gen tes lau-da te e-cum om-nes po - pu - li
lau-da - te do - mi-num om-nes gen-tes lau-da-te e-cum om-nes po - pu - li.
19.
du 1er mode.
Ky - ri-e e - - - le-i-son
Christe e - - - le-i-son. Ky - - ri-e
e - - - le-i-son Ky - ri-e e - - le-i-son
20.
du 4e mode.
Glo - - ri-a in ex-cel-sis de - - o et in ter - ra
pax ho - mi - - - ni-bus bo-næ vo-lun - ta-tis lau-da-mus - te
Be-ne-di-ci-mus - te a-do-ra-mus te glo-ri-fi - ca - - mus te
gra-ti-as a-gi-mus ti - bi prop-ter ma-gnam glo - ri-am tu - am

Do_mi_ne De - us rex cœ_les - - - tis De - - us pa - - - - ter om-ni-po-tens

Do_mi_ne u-ni ge - ni_te Je - - su chris - - - - - - te

Do - mi - ne de - - us ag-nus De - - i fi - - li - us pa - - tris

Qui tol - lis pec-ca-ta - - mun - di mi - se - re - - - re no - - bis

Qui tol - lis pec-ca-ta mun - di sus - - ci_pe de pre-ca-ti - o - - nem nos - tram

Qui se - - des ad dex-te-ram pa - - tris mi-se-re - - re no - bis

Quo_ni_am tu so - lus sanc-tus tu so - - lus do - - mi - nus

tu so - lus al - tis - si-mus Je - - - - su Chris - - - - te

cum sanc - - - - - - - to spi - - - - - - - - - ri - tu

in glo - ri - a de - i pa - - - - tris a - - - - - - - - men.

Fig: 21.
du 8e mode.

Sanc - - - tus Sanc - - tus ___ Sanc - - - - - tus

Do_minus De_us sa - - - baoth ple_ni sunt cœ_li et terra ___ glo - ri - a tu - - a

Ho - - san - na in - - ex - - cel - - - - - - - - - - - - - - sis.
Be - ne - dic - tus qui ve - nit in no - mi - ne do - - - - - - - - mi ni
ho - - - - - san - na in - - ex - - cel - - - - - - - - - - - sis
Fig: 22, du 6e mode.
Ag - nus De - - - - i qui tol - - lis pec - ca - ta - - mun - di
mi - se - re - - - - re no - - - - - - - bis Ag - nus De - i
qui tol - lis pec - ca - ta - - mun - di mi - se - re - - re no - - - bis
Fig: 23. du 1er mode,
Cre - - - do in u - num De - um Pa - trem om - ni - po - ten - tem
fac - to - rem coe - li et ter - rae vi - si - bi - li - um om - ni - um et in - vi - si - bi - li - um
et in u - num do - mi - num Je - sum Chris - tum fi - li - um De - i u - ni ge - ni - tum
et ex pa - tre na - tum an - te om - ni - a se - cu - la De - um de De - o
lu - men de lu - mi - ne De - um ve - rum de De - o ve - ro ge - ni - tum non fac - tum
con - sub - stan - ti - a - lem pa - tri per - quem om - ni - a fac - ta sunt

propter nos ho-mi-nes et prop-ter nos-tram sa-lu-tem des-cen-dit de cœ-lis
et in-car-na-tus est de spi-ri-tu sanc-to ex Ma-ri-a Vir-gi-ne
et ho-mo fac-tus est cru-ci-fi-xus e-ti-am pro no-bis
pas-sus et se-pul-tus est et re-sur-re-xit
se-cun-dum scrip-tu-ras
in cœ-lum se-det ad dex-te-ram pa-tris
cum glo-ri-a ju-di-ca-re vi-vos et mor-tu-os
et in spi-ri-tum sanc-tum
qui ex pa-tre fi-li-o-que pro-ce-dit
et con-glo-ri-fi-ca-tur qui lo-cu-tus est per pro-phe-tas

cón - fi - te - or u - num, ba - ptis - ma in re - mis - si - o -
et ex pec - to re - su - rec - ti - o -
et vi - tam ven - tu - ri se - cu - li a
24.
du 1er mode.
Vi - di tur - bam ma - gnam quam di - nu - me - ra - re ne - mo
po - te - rat ex om - ni - bus gen - ti - bus tes an - te thro - num
25.
du 4e
Fa - ci - a - mus tris tri - a ta - ber - na - cu - la
ti - bi u - nem Moy - si u - num
26.
du 7e
Lo - que - ban - tur va - ri - is lin - guis a - pos - to - li
ma - gna - li - a de - i al - le - lu - ia
27.
du 6e
Di - xe - runt ju - dae - i quid tu ma - jor
es pa - tre nos - tro A - bra - ham qui mor - tu -
et pro - phe - tae mor - tu - i sunt quen - te

du 3.
Fig: 28.
O magnum mys - te - - - - ri - tum
et ad - - mi - ra - - - - bi - le sa - - cra - - - - - - - men - - tum
ut a - ni - ma - li - a - - vi - de - rent do - - mi - num
na - - - - - tum ja - cen - tem in prœ - se - pi - o
Be - a - la vir - - go
cu - jus vis - - ce - ra me - ru - e - runt por - ta - re do - minum chris - tum
29.
Ve - ni cre - - - a - tor spi - - - - - ri - tus men - tes
tu - o - rum vi - - - - si - ta in - ple su - - per - na
gra - ti - a quæ tu cre - - - a - sti pe - - cto - ra
30.
Urbs Je - ru - sa - lem be - a - - ta dic - ta pa - cis vi - - si - o
quæ cons - tru - i - tur in cœ - - lis vi - vis ex la pi - - di - bus
et an - ge - lis co - ro - na - - ta ut spon - sa - ta co - - mi - te

31.
Stu - pe - - te gen - tes fit de - us hos - ti - a
se spon - te le - - gi le - gi fer ob - - li - gat
or-bis re-demp - tor nunc re-demp-tus se-que pi-at si-ne la - be ma - ter
32.
Ma-tris in - tæ - tæ ve-ne-ran-de con - jux
tes-tis et cus-tos ni-ve-i pu-do-ris qui de c
ple nam me di ta ris an ceps Lin-que-re spon - - sam.
33.
du 1er
Gau-de-a - - mus om-nes in do - - - - - - mi-ne
di-em festum ce-le-bran-tes sub ho-no - - re be-a-tæ Ma-ri-æ Vir-gi-nis:
de cu-jus as-sumpti-o-nem gau-dent An - - - - - ge-li
et col-lau - dant fi - - li-um de - - i.
Plenæ - ruc - ta - vit cor - me - um ver - bum bo - num
di - co e - go o - pe - ra me - a Re - gi.

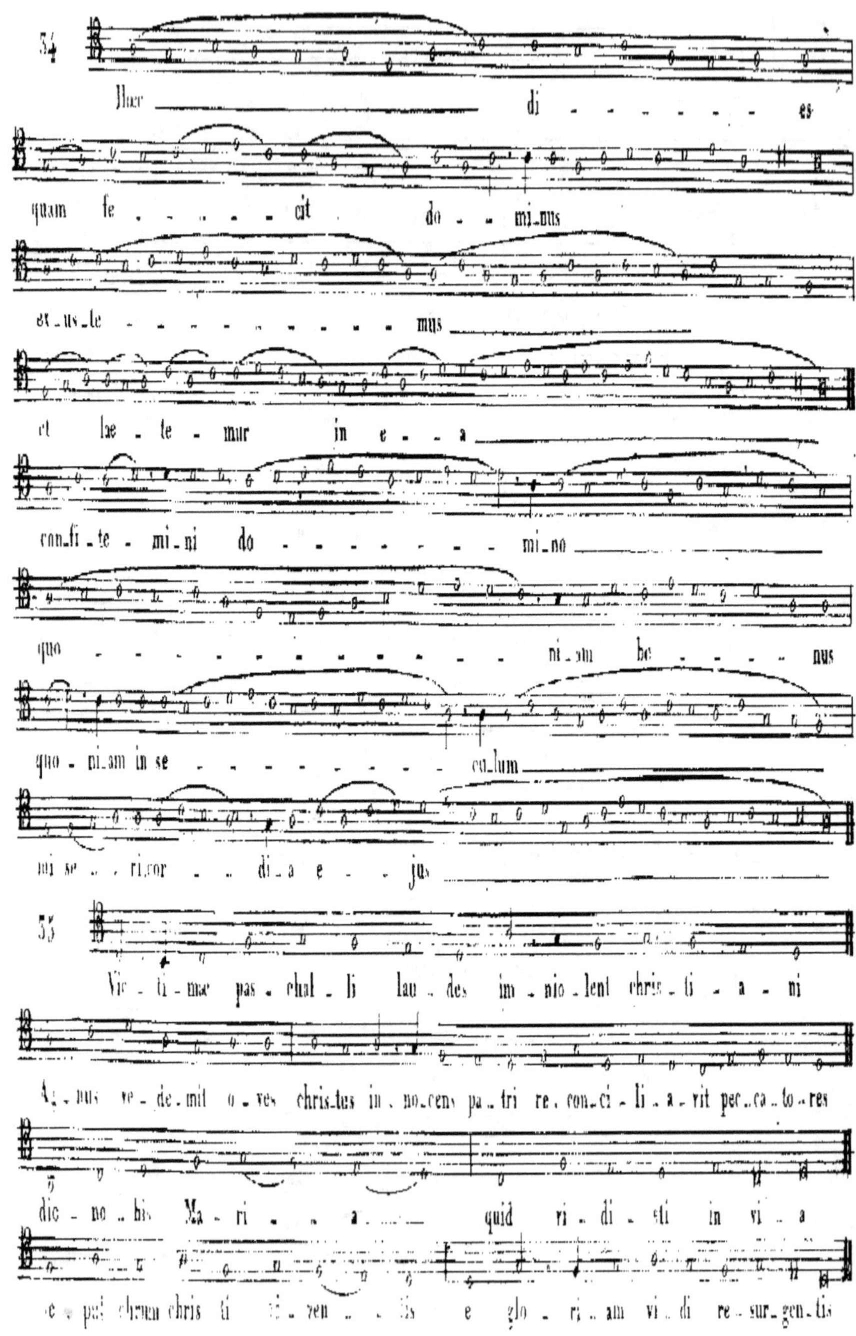
54
Haec di es
quam fe cit do mi nus
ex us te mus
et lae te mur in e a
con fi te mi ni do mi no
quo ni am be nus
quo ni am in se cu lum
mi se ri cor di a e jus
55
Vic ti mae pas cha li lau des im mo lent chris ti a ni

sur - re - xit chris - tus pes - me - - a prœ - ce - det vos in Ga - li - lœ - am
scimus chris - tum sur - rexist se - a mor - tu - is ve - re tu no - bis vic - tor rex mi - se - re - re
36
Vo - tis pa - ter an - nu - it jus - tum plu - munt si - de - ra
sal - va - to - rem ge - nu - it in - tac - ta pu - er - se - ra
Ho - mo de - us nas - ci - tur. tu lu - men de lu - mi - ne
an - te so - lem fun - de - ris tu lu - men de lu - mi - ne
Ab - œ - ter - no gi - gne - ris pa - tri par pro - ge - ni - es.
quœ no - cens de - bu - e - ram in - no - cens ex - e - que - ris
tu le - gi quam spre - ve - ram le - gi fer sub - ji - ce -
ris sic - ter - ris su - per - bi - am. no - bis ul - tro si - mi -
lem te prœ - bes in om - ni - bus. de - bi - li - bus de - bi -
lem chor - ta - lem mor - ta li - bus His - tri - his nos vin - cu - lis.

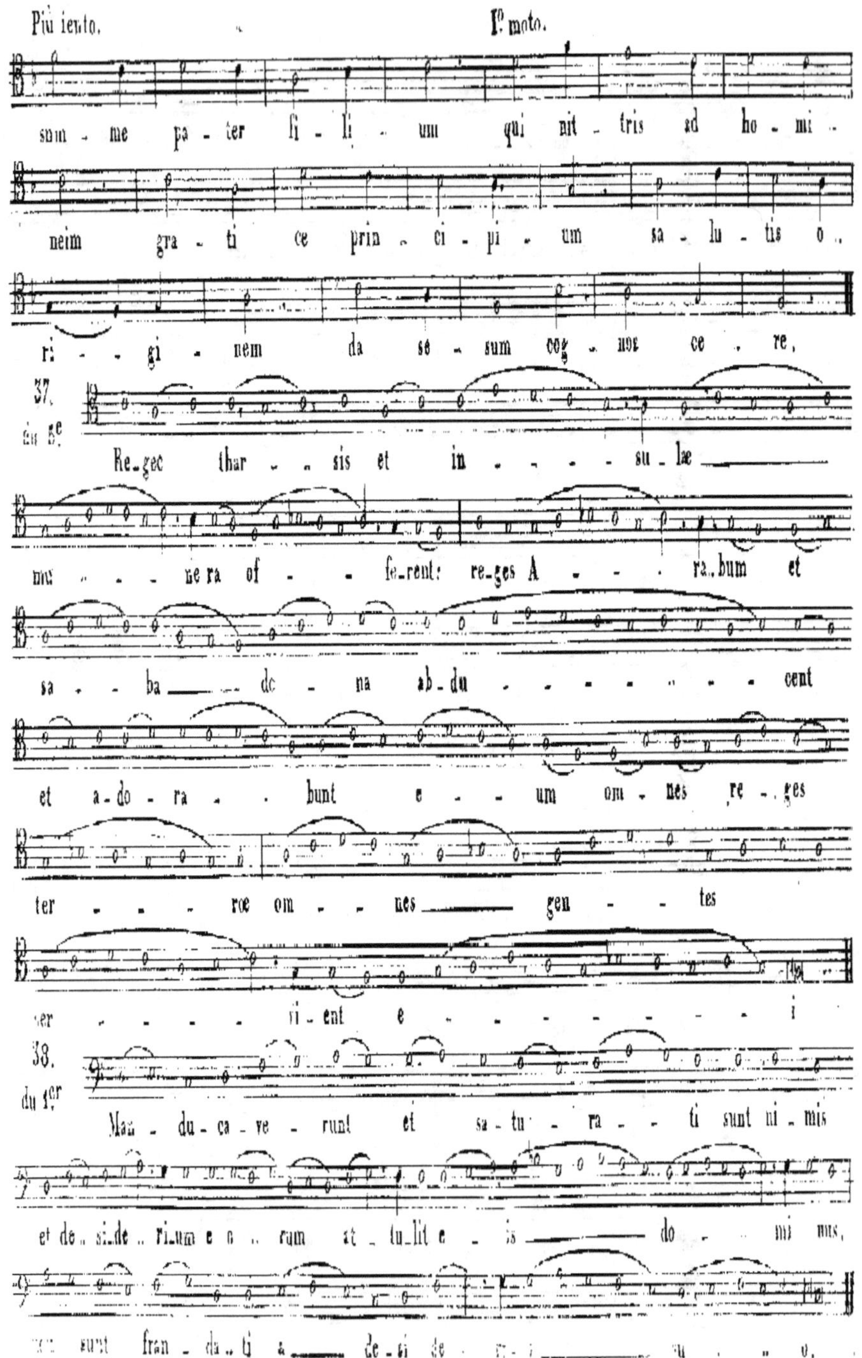
Più lento.
I° moto.
sum - me pa - ter fi - li - um qui nit - tris ad ho - mi -
neim gra - ti ce prin - ci - pi - um sa - lu - tis o -
ri - - gi - nem da se - sum cog - nos ce - re,
37.
du 5e
Re - gec thar - - sis et in - - - - su - læ
mu - - - ne ra of - - fe - rent: re - ges A - - - ra - bum et
sa - - ba - - de - na ab - du - - - - - - - - cent
et a - do - ra - - bunt e - - - um om - nes re - ges
ter - - - - rœ om - - nes gen - - tes
ser - - - - - vi - ent e - - - - - - - i
38.
du 1er
Man - du - ca - ve - runt et sa - tu - ra - ti sunt ni - mis
et de - si - de - ri - um e o - rum at - tu - lit e - is do - mi nus,
sunt fran - da - ti a de - si de

39.
du 8e
Spi - ri-tu qui pa-tre pro-ce-dit al-le-lu-ia
il-le me cla-ri-fi-ca-bit al-le-lu-ia al-le-lu-ia.
Glo-ri-a pa-tri et fi-li-o et spi-ri-tu-i san-cto
40.
41.
Glo-ri-a pa-tri et fi-li-o et spi-ri-tu-i san-cto
Autre terminaison.
et spi-ri-tu-i san-cto et spi-ri-tu

42
Glo-ri - a pa - tri et fi - li - o et spi - ri - tu - i sanc - to
Autre terminaison.
43
Glo-ri - a pa - tri et fi - li - o et spi - ri - tu - i sanc - to et spi - ri - tu - i sanc - to
Autre terminaison.
44
Glo-ri - a pa - tri et fi - li - o et spi - ri - tu - i sanc - to et spi - ri - tu - i sanc - to

Autre terminaison.
45
Glo_ri_a pa_tri et fi_li_o et spi_ri_tu_i sanc_to et spi_ri_tu_i sanc_to
46
Glo_ri_a pa_tri et fi_li_o et spi_ri_tu_i sanc_to
Autre terminaison.
47
Glo_ri_a pa_tri et fi_li_o et spi_ri_tu_i sanc_to et spi_ri_tu_i sanc_to

Autre terminaison.
48
Glo-ri-a pa-tri et fi-li-o et spi-ri-tu-i san-cto et spi-ri-tu-i san-cto
49
Mon-tes e-xul-ta-stis si-cut a-ri-e-
Mon-tes e-xul-ta-stis si-cut a-ri-e-
Mon-tes e-xul-ta-stis si-cut a-ri-e-
Mon-tes e-xul-ta-stis si-cut a-ri-e-
tes et co-les si-cut a-gni-o-vi-um.
tes et co-les si-cut a-gni-o-vi-um.
tes et co-les si-cut a-gni-o-vi-um.

N° 1,
1er TON, 1re EX.
Del P. Costanzo Porta.
Tecum principium

ge - - - - nu - i - te.
-rum ge-nu-i-te, an-te-lu-ci-fe-rum-ge-nu-i-te.
nu-i-te, an-te lu-ci fe-rum ge-nu-i-te.
-ci-fe-rum-ge- - - nu-i-te.
N° 2.
1er TON, 2^e EX.
De G.P.L. da Palestrina.
Cho-ri-San- - cta- - -rum.
Cho-ri-San-cto- -rum Vir- -
Cho-ri San-cta
Cho-ri-Sancta-rum Vir-gi-num Cho-ri Sanctarum
Vir- - - gi-num Mo- - na-.
-gi-num Vir- - gi-num Mo-na-cho-rumque om-
-rum Vir-gi-num Mo-na-cho-rumque-omni-
Vir- - gi-num - - Mo-

cho - rum - que - om - ni - um
ni - um - Mo - na - cho - rum - que - om - ni - um - si
um - Mo - na - cho - rum - Mo - nachorum - que - omni - um - si - mul cum Sanctis
na - cho - rum - Mo - na - chorum que o - mni - um - si - mul cum - San
si - mul - cum - San - ctis - omni - bus
mul - cum - San - ctis - si mul cum - San - ctis - o - mni bus - si
o - mni - bus - si mul cum - San - ctis - si - mul
ctis o - mni - bus - si mul cum San - ctis o
cum - San - ctis - o mni - bus - con - sor - tes - Chri - sti
mul - cum - San - ctis - o - mni - bus - con - sor - tes Chri - sti
cum - San - ctis - o mni bus
mni - bus - cum - san - ctis - o mni bus - con - sor tes - Christi - Ca

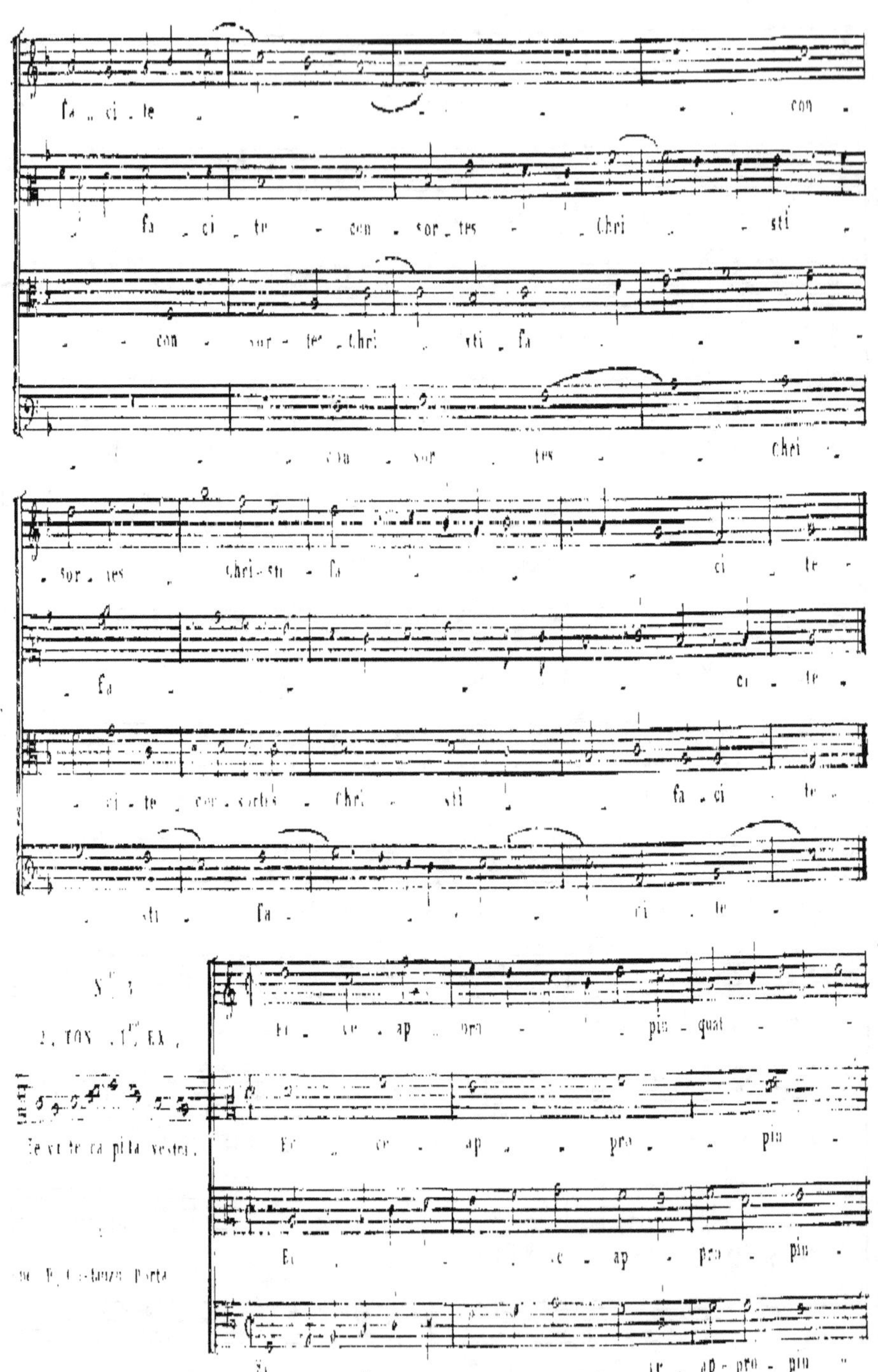
fa - ci - te con
fa - ci - te - con - sor - tes - Chri - sti
con - sor - tes - Chri - sti - fa
con - sor - tes - Chri
sor - tes - Chri - sti - fa - ci - te
fa - ci - te
ci - te - con - sortes - Chri - sti - fa - ci - te
sti - fa - ci - te
N° 3
2. TON . 1er EX .
Le va te ca pi ta vestra.
F. Costanzo Porta
Ec - ce - ap - pro - pin - quat
Ec - ce - ap - pro - pin
Ec - ce - ap - pro - pin
Ec - ce - ap - pro - pin

ap pro pia quat re dem ptio ve stra
quat re dem ptio ve stra
quat ap-pro pin quat re dem ptio ve stra
quat ap pro pin quat re dem pti o ve stra
No. 4.
2e TON. 2e EN.
di G.P.L da Palestrina.
Post flu xæ car nis scan da la
Post fluxæ car nis scan da la
Post fluxæ car nis scan da la post
Post flu
car nis scan da la fit
carnis scan da la fit ex le phi a la fit
fluxæ car nis scan da la fit
xæ car nis scan da la fit ex le

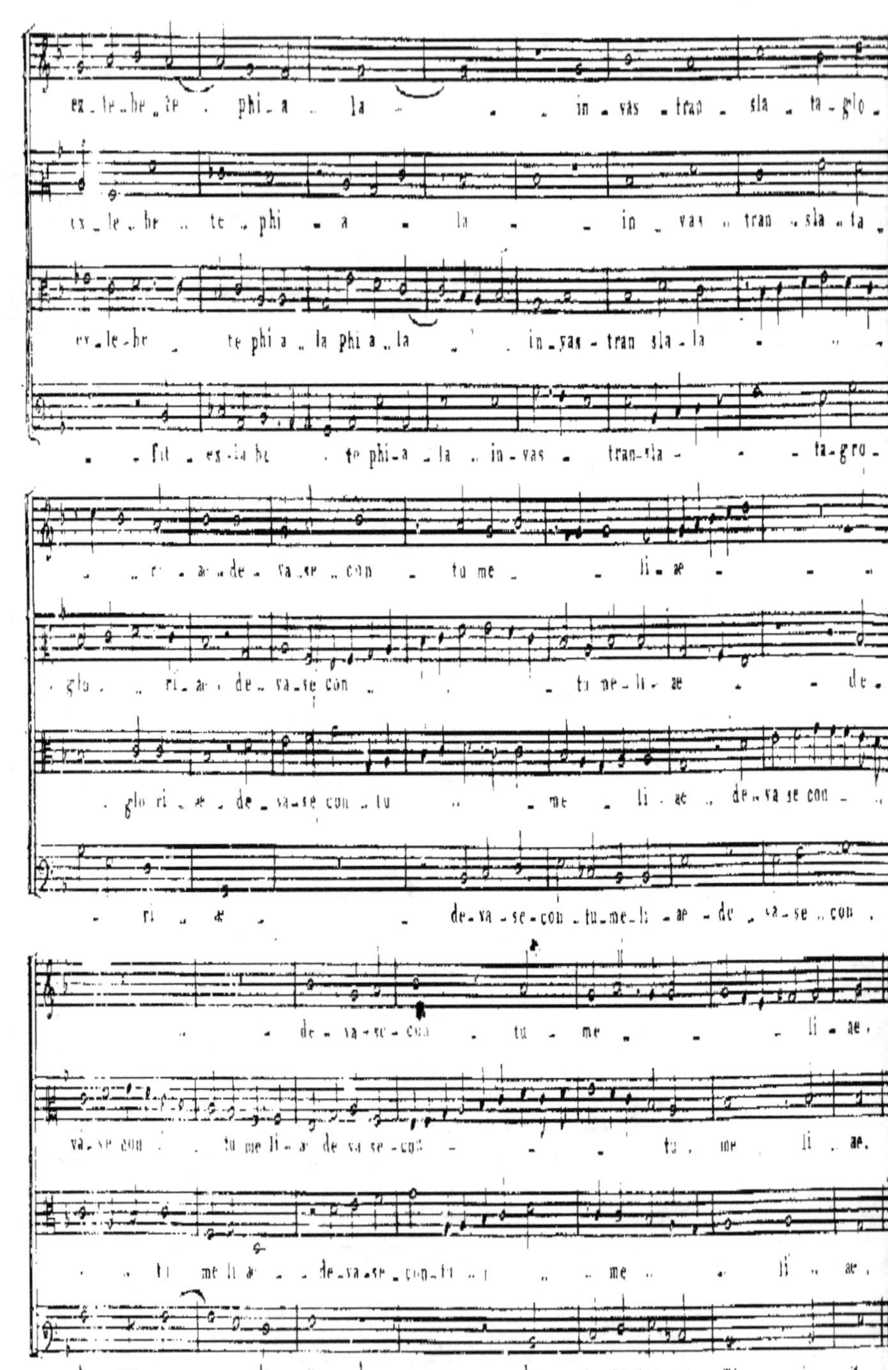
ex-te-be-te phi-a la in-vas tran-sla-ta-glo-
ex-te-be-te-phi-a-la in-vas-tran-sla-ta-
ex-te-be te phi a la phi a la in-vas-tran sla-ta
fit ex-ta-be te phi-a la in-vas tran-sla ta-glo-
ri-ae de-va-se-con-tu me-li-ae
glo-ri-ae de-va-se con tu me-li-ae de-
glo ri ae de-va-se con tu me li ae de va se con
ri ae de-va-se-con-tu-me-li-ae-de-va-se-con
de-va-se-con tu me li-ae.
va-se con tu me li-ae de va se-con tu me li ae.
tu me li ae de-va-se-con-tu me li ae.
tu me li ae de va se-con-tu me li ae

N.° 5.
3.e TON 1.re EX.
Del P. Cost. Porta.

N.° 6.
3.e TON. 7.e EX.
DI G. P. L. da Palestrina.
Quæ vox, quæ po-te-rit quæ vox po-te-rit lin-gua re-te-xe-re
quæ tu mar-ty-ri-bus

mu - ne - ra - præ
ri - bus mu - ne ra præ - pa - ras
mu - ne ra præ pa - ras - præ - pa
ne - ra - præ pa - ras
pa - ras ru - bri nam flu i - do - flu i - do
ru - bri - nam - flu i - de ru
ras ru brinam flu
ru bri - nam flu i - do
san gui - ne - lau re - is - san - gui - ne - lau - re
brinam flu - i - do san gui - ne - lau re - is - san gui
i - do san - gui ne - lau re i
ra bri nam flu - i - de

di tan tur be
ne lau re is di tan tur be
di tan tur be
di tan tur
ne ful gi dis di tan tur be
ne ful gi dis di tan tur be ne ful gi dis be
ne ful gi dis di tan tur
di tan tur be ne
ne ful gi dis,
gi dis,
gi dis,
gi dis

N° 7.
4.e TON 1er EX.
Del P. C. Porta.
Apud Dominum
Mi _ se _ ri _ cor _ di _ a _ mi
Mi _ se _ ri _ cor _ di _ a _
Mi _ se _ ri _ cor _ di _ a _ et _ co _ pi _
Mi _ se _ ri _ cor _ di _ a _ et _
se _ ricor _ di _ a _ et co _ pi _ o _ sa _ a _ pud _ e _ um
et _ co _ pi _ a _ sa _ a pud _ e _ um _ a
o _ sa _ et _ co _ pi _ o _ sa _ a _ pud _ e _ um
co pi o _ sa _ a _ pud _ e _ um _
a _ pud _ e _ um _ re _ dem _ pti _ o.
pud _ e _ um _ re _ dem _ pti _ o
a _ pud _ e _ um _ re _ dem _ pti _ o.
re _ dem _ pti _ o

N.° 8.
4^e TON 2^e EX.
Di G.P.L. da Palestrina.
Hic il le Rex est gen ti um po pu li que Rex ju da i ci pro mis sus
Hic il le Rex est gen ti um Rex est gen ti um Rex est gen ti um
Abraham

A bra hæ - pa - tri - A bra - hæ pa tri
A - brahæ patri - pro - mis - sus - A - bra hæ - pa - tri - e
promissus - A bra - hæ - pa - tri - pro - missus - A - bra - hæ pa
pa - tri pro - missus A bra - hae - pa - tri
jus que in æ vum se - mi - ni - in - æ vum
jus - que - in - æ vum - se - mi - ni - e - jusque - in - æ - vum - se - mi - ni
tri - e - jus - que - in - æ - vum - se
e - jus - que - in - æ vum - se mi - ni - e - jusque - in - æ
se - mi - ni
in - æ - vum - se - mi - ni
mi - ni - se - mi - ni
vum - se - mi - ni

N° 9.
5. TON, Ire E
Del P. G. Porta.
Qui pacem po - nit fi - nes eccle
Qui - pa - cem - po - nit - fi
qui - pa - cem
po - nit - fi - nes - ec - cle -
Qui - pa - cem - po - nit -
- si - æ - fru - men - ti - a - di - pe - fru - men -
nes - ec - cle - si - æ - fru - men - ti - a - di - pe
si - æ - fru - men - ti - a - di - pe - sa -
fi - nes ec - cle - si - æ - fru - men - ti - a -
ti - a - di - pe - sa - ti - at nos Do - mi - nus.
mi - nus.
ti - at nos Do - mi - nus.
Do - mi - nus.

No. 10.

5e TON, 2e EX.

G. P. L. da Palestrina.

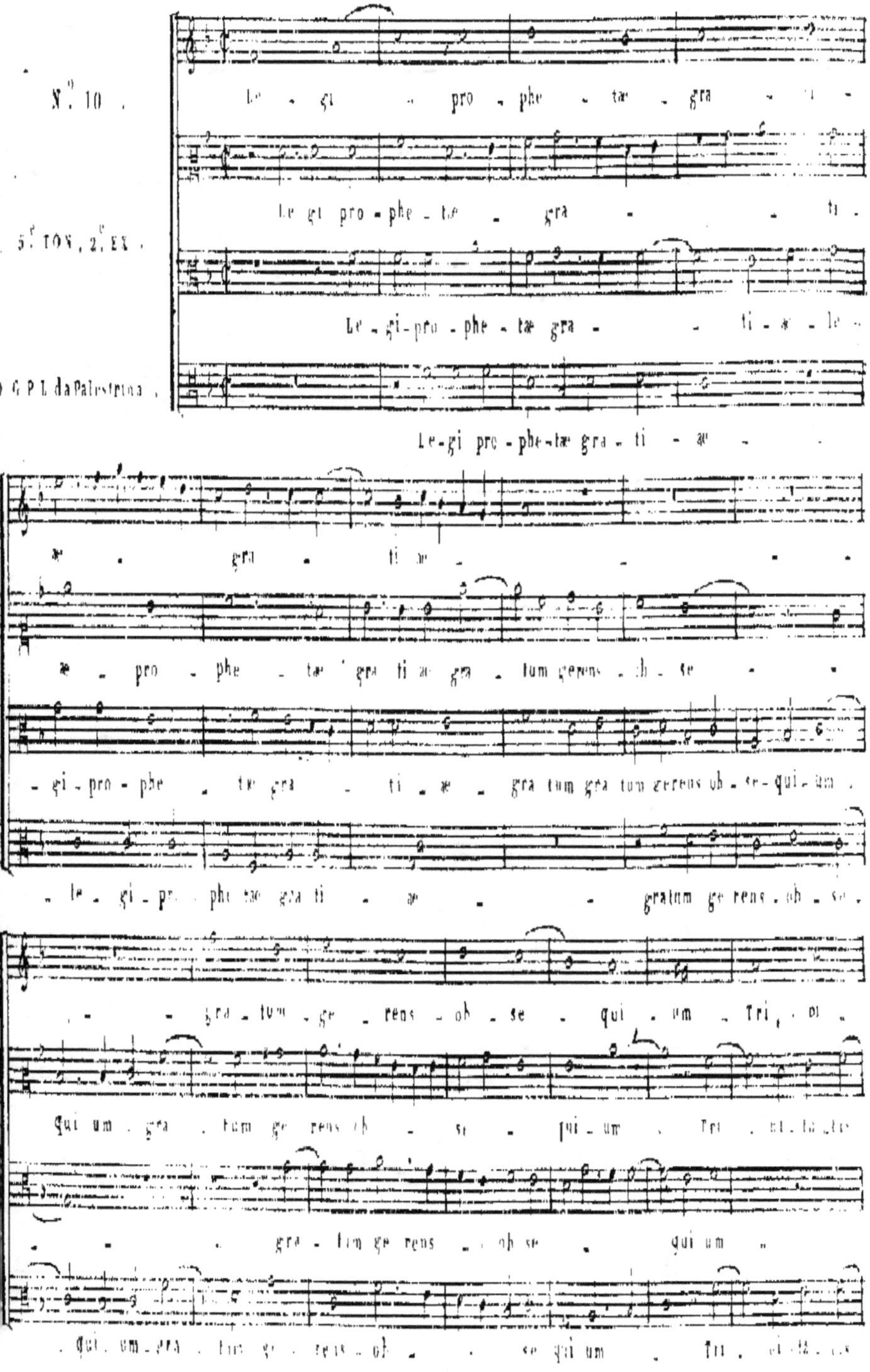

Le - gi - pro - phe - tæ - gra - - -

Le - gi pro - phe - tæ - gra - - ti -

Le - gi - pro - phe - tæ gra - - ti - æ - le -

Le - gi pro - phe - tæ gra - ti - æ - -

æ - gra - ti - æ - - - -

æ - pro - phe - tæ gra - ti - æ gra - tum gerens - ob - se - -

- gi - pro - phe - tæ gra - ti - æ - gra - tum gra - tum gerens ob - se - qui - um -

- le - gi - pro - phe - tæ gra - ti - æ - - gratum ge - rens - ob - se -

- - gra - tum - ge - rens - ob - se - qui - um - Tri - ni -

qui - um - gra - tum ge - rens ob - se - qui - um - Tri - ni - ta - te

- - - gra - tum ge - rens - ob - se - qui - um -

- qui - um - gra - tum ge - rens - ob - - se - qui - um - Tri - ni - ta - -

ta - tis of fi ci - um fe sto
of - fi - ci um fe - sto - so le
Tri - ni - ta - tis - of fi - ci - um
of - fi - ci - um of - fi - ci - um fe
so le mni - ce le brat
mni - ce le brat fe sto so
fe - sto - so - le - mni - ce le brat fe - sto
sto so le mni ce le - brat festo so
fe - sto - so - le mni - ce le brat
le - mni - ce le brat
so le mni ce ce - brat ce le brat

No 11.
6e TON Ire EX.
Del P. Costanzo Porta.
Regali ex progenie Maria

a - dju - va - ri - men - te - et - spi -
ci - bus - nos - a dju - va - ri mente -
ri - men - te - et - spi - ri - tu -
mem - te - et - spi - ri - tu -
ri - tu - de - vo - tis si - me - po -
et - spi - ri - tu - de - vo tis - si -
de - vo - tis - si - me - men - te - e - spi - ri - tu - de -
de - vo - tis - si - me -
sci - mus .
me - po - sci - mus .
vo - tis - si - me - po - sci - mus .
po - sci - mus .

No. 12.
6e TON, 2e X.
Di P. L. da Palestrina.
Gau - dent - in - Cæ
Gaudent - in - Cæ
Gaudent - in - Cæ
lis
gaudent - in - Cæ
lis - gau - dent - in Cæ
lis
Gau - dent - in - Cæ
lis
gau - dent - in - Cæ
lis - gau - dent - in - Cæ
lis - gau
ga

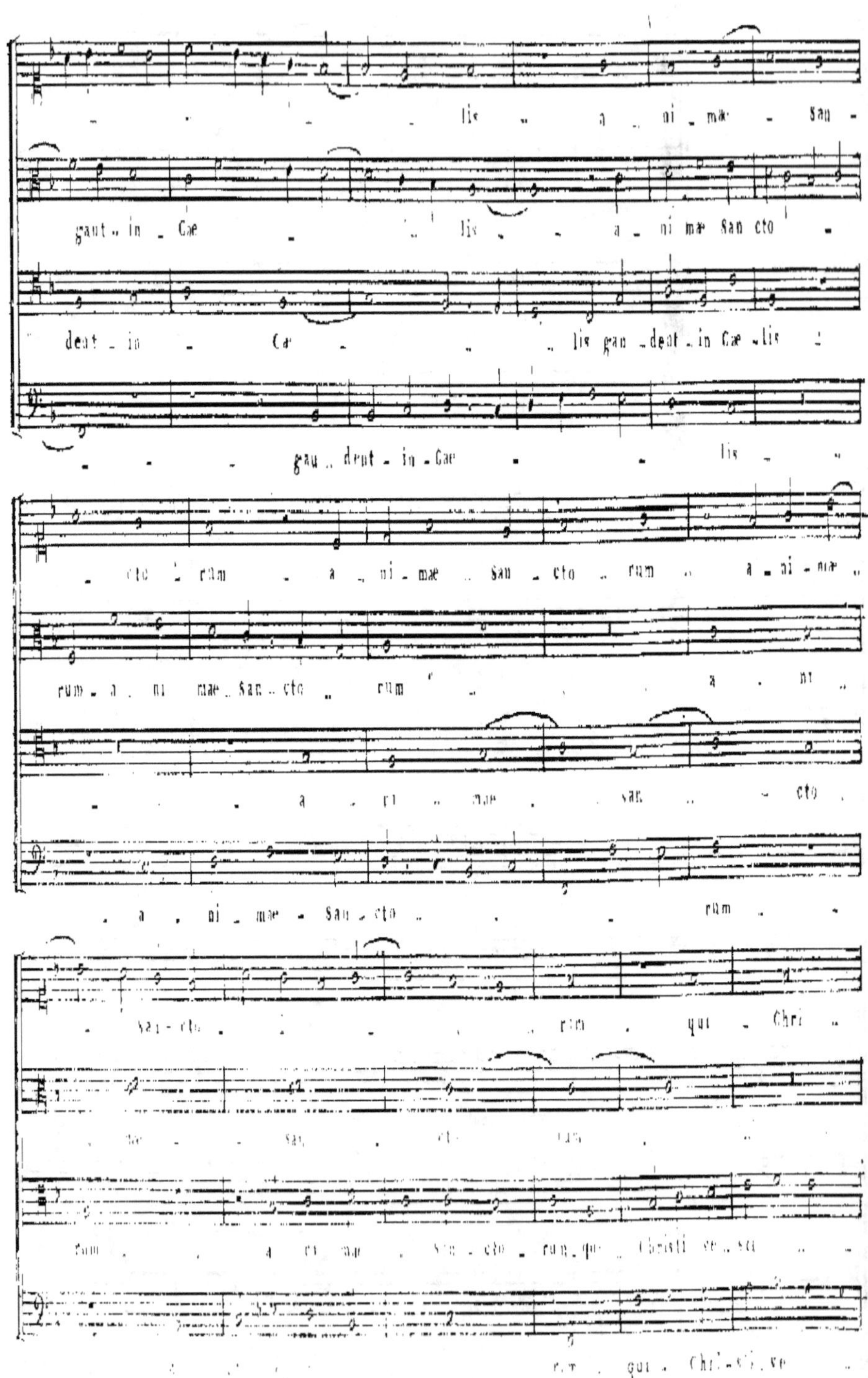
lis a ni mæ San
gaut in Cæ lis a ni mæ San cto
deat in Cæ lis gau deat in Cæ lis
gau dent in Cæ lis
cto rum a ni mæ San cto rum a ni mæ
rum a ni mæ San cto rum a ni
a ni mæ san cto
a ni mæ San cto rum
San cto rum qui Chri
qui Chri ve

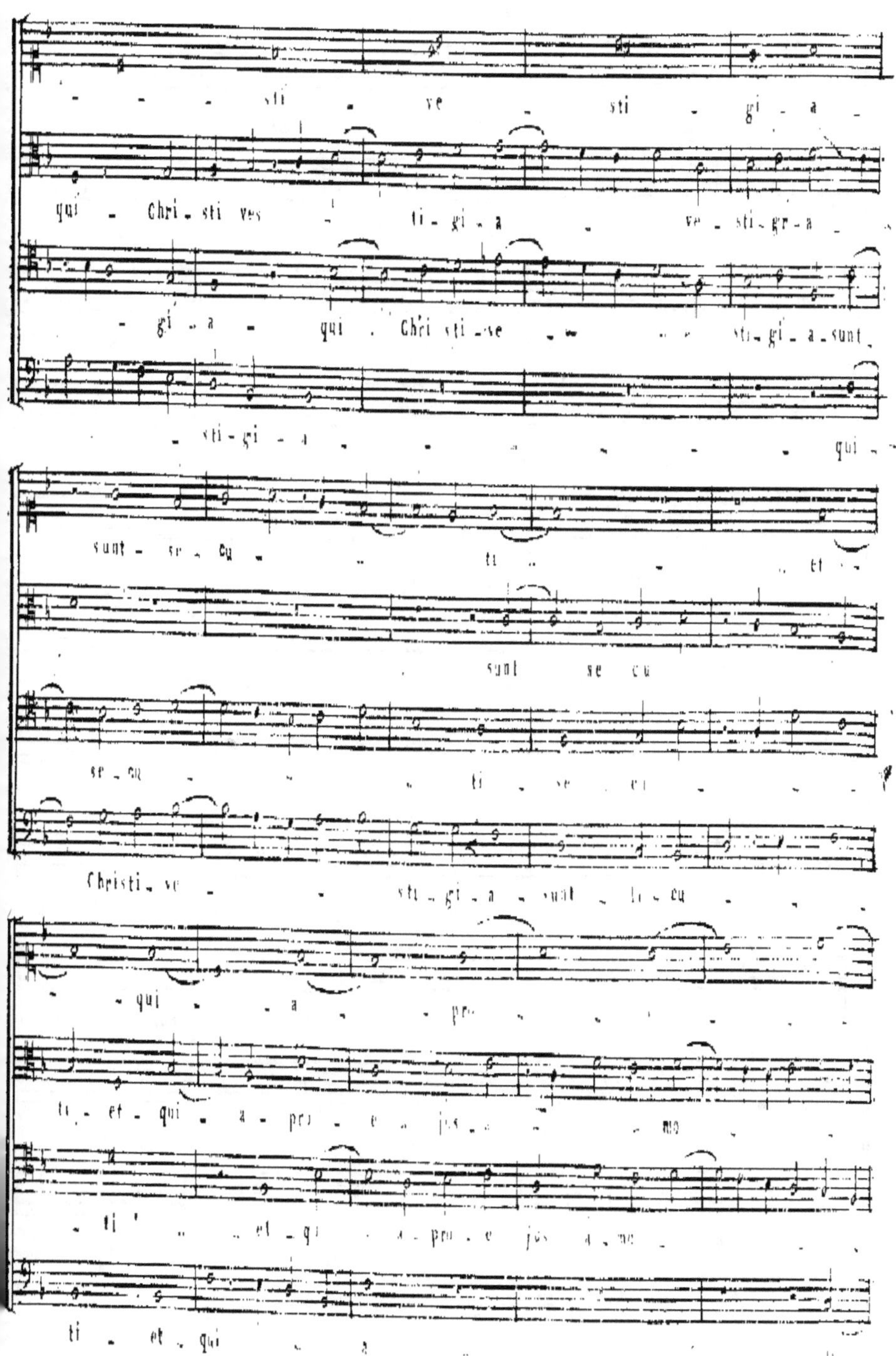
sti ve sti gi a
qui Christi ves ti gi a ve sti gi a
gi a qui Christi ve sti gi a sunt
sti gi a qui
sunt se cu ti ti
sunt se cu
se cu ti se cu
Christi ve sti gi a sunt se cu
qui a pro
ti et qui a pro e jus mo
ti et qui a pro e jus a mo
ti et qui a

jus a mo re
re pro e jus a mo re
re pro e jus a mo re a
qui a pro e jus a mo re
San gui nem su
San gui nem su um fu de runt San gui nem su
mo re San gui nem su um fu de
San guinem su um fu de runt San
um fu de runt San gui nem su
um fu de runt San gui nem su um fu
runt um fu de San
gui nem su um fu de

um _ fu _ de - - runt - - i - - de -
de - runt - i de
gui _ nem _ su _ um _ fu - de - runt - - de -
runt - i - de _
- o - cum - Chri - - sto - - e -
o _ cum _ Chri _ sto _ cum - - Chri - sto - ex - ul -
o _ cum _ Chri _ sto - cum _ Chri - - - sto -
- o - cum - - Chri - - sto -
xul - - tant _ si _ ne fi - - ne
tant - si - ne - - fi - ne -
e xul
ex - ul - tant

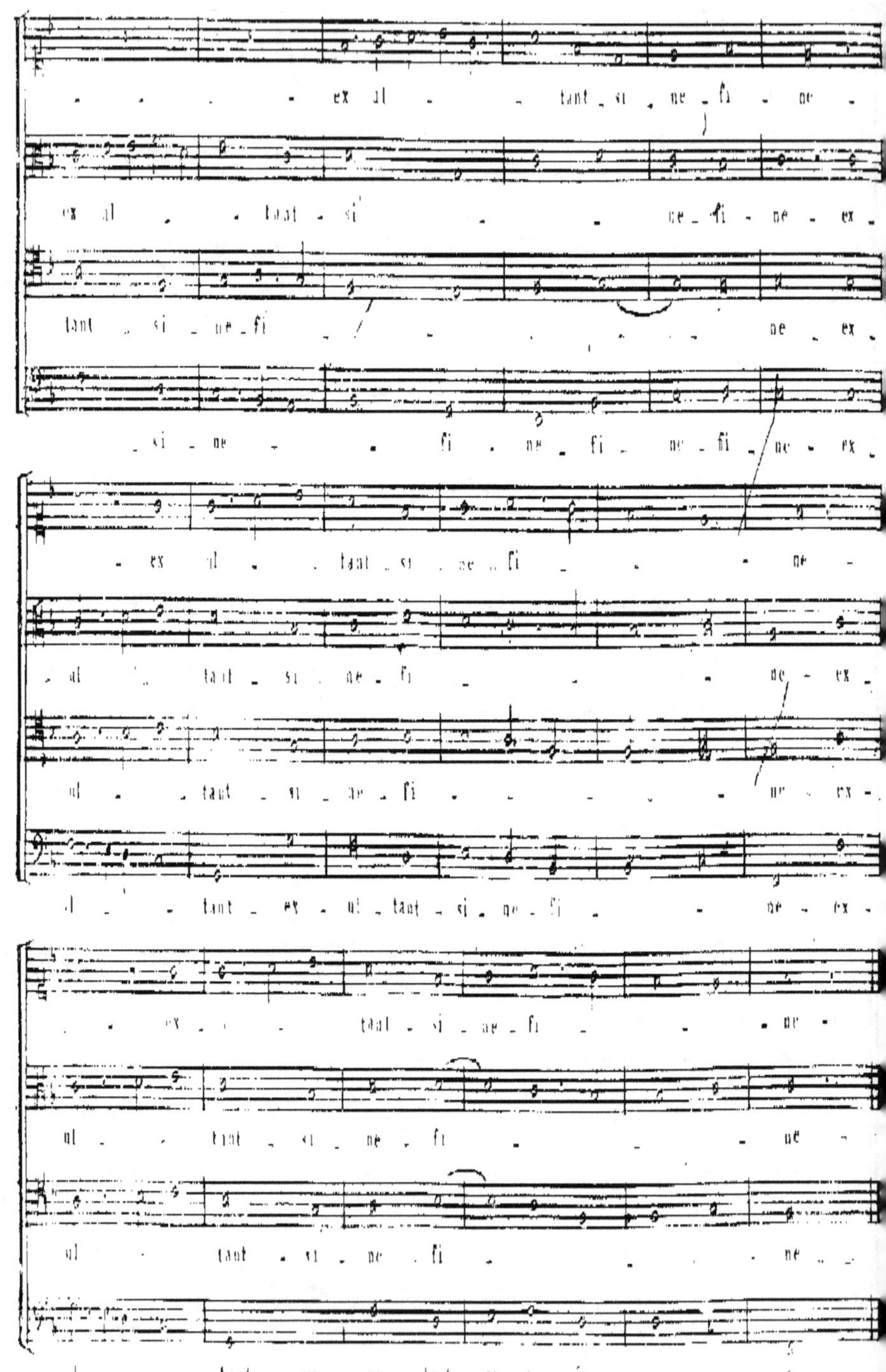
ex al tant si ne fi ne
ex al taat si ne fi ne ex
tant si ne fi ne ex
si ne fi ne fi ne fi ne ex
ex al tant si ne fi ne
al tant si ne fi ne ex
al tant si ne fi ne ex
al tant ex al tant si ne fi ne ex
ex taat si ne fi ne
al tant si ne fi ne
al tant si ne fi ne
tant ex al tant si ne fi

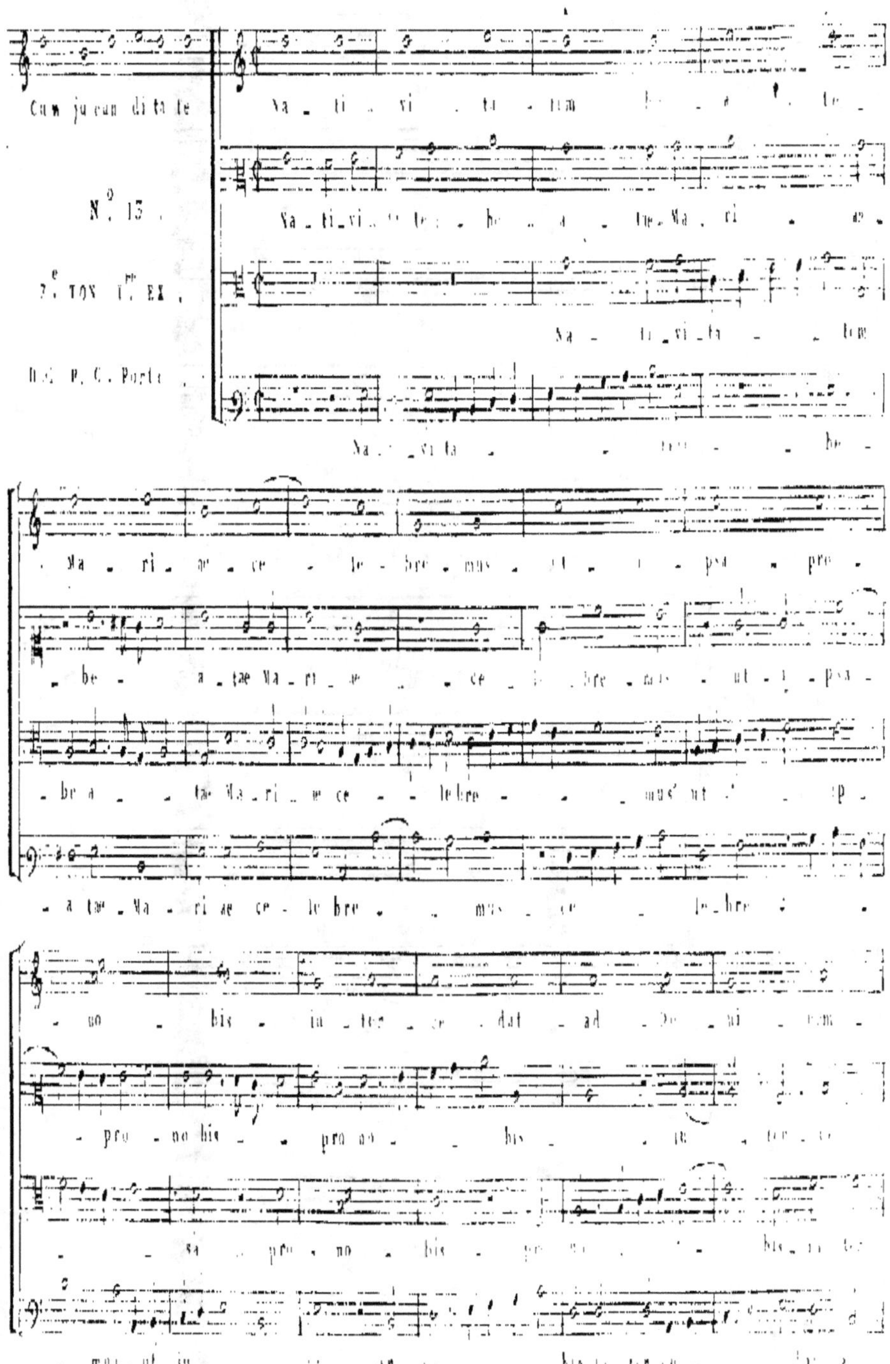
Cum jucunditate
N° 13
2e TON Ier EX

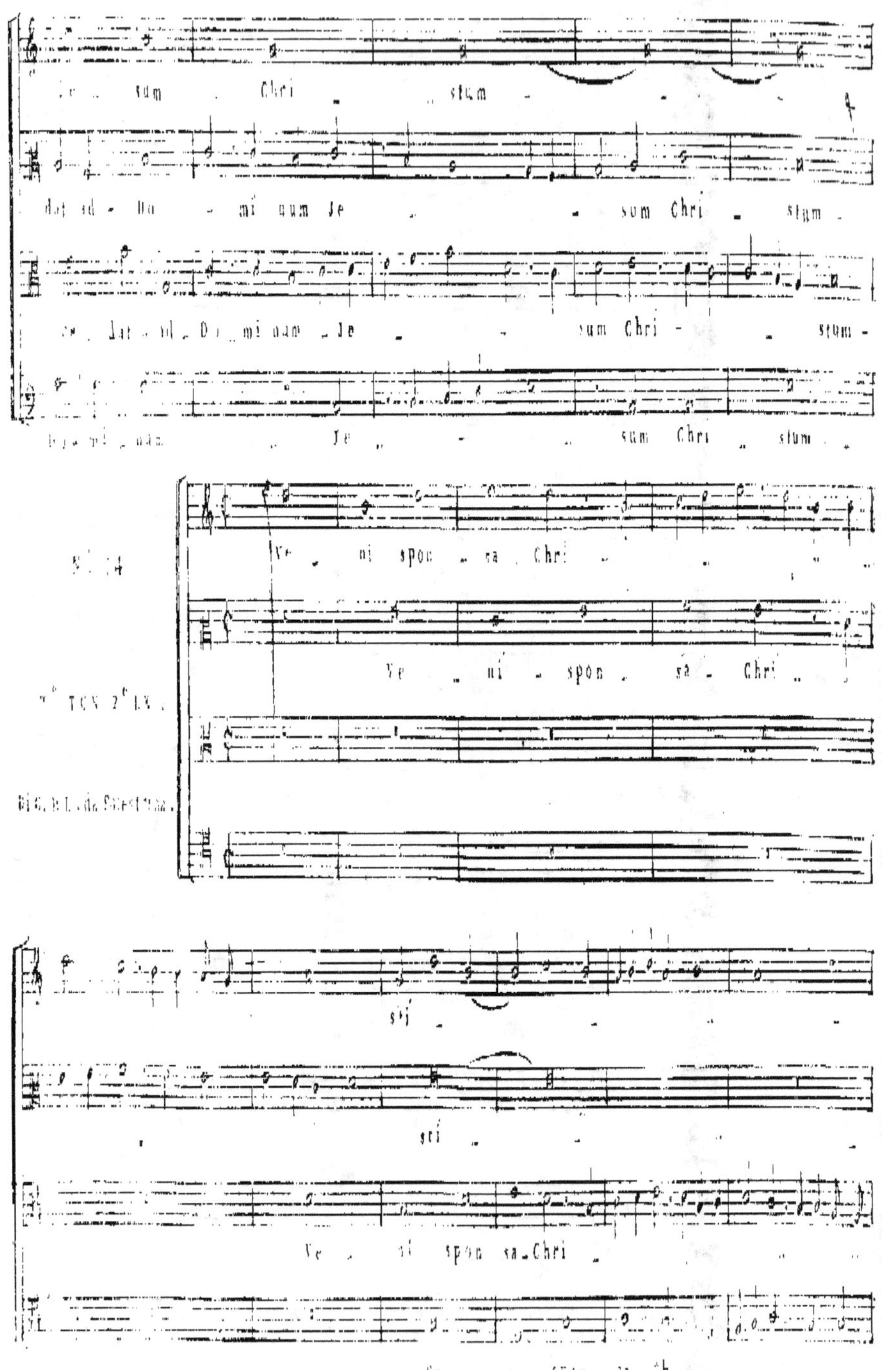
sum Chri stum
dat ad Do mi num Je sum Chri stum
dat ad Do mi num Je sum Chri stum
Je sum Chri stum
Ve ni spon sa Chri
Ve ni spon sa Chri
sti
sti
Ve ni spon sa Chri

ve ni Spon
ve ni Spon sa Chri sti
ti ve ni Spon sa Chri sti
sti ve ni Sponsa Chri sti
sa Chri sti Chri sti
ve ni Spon sa
ac ci pe co
ve ni Spon sa Chri sti
ac ci pe co
Chri sti ac ci pe co ro nam
ro nam
pe co ro nam

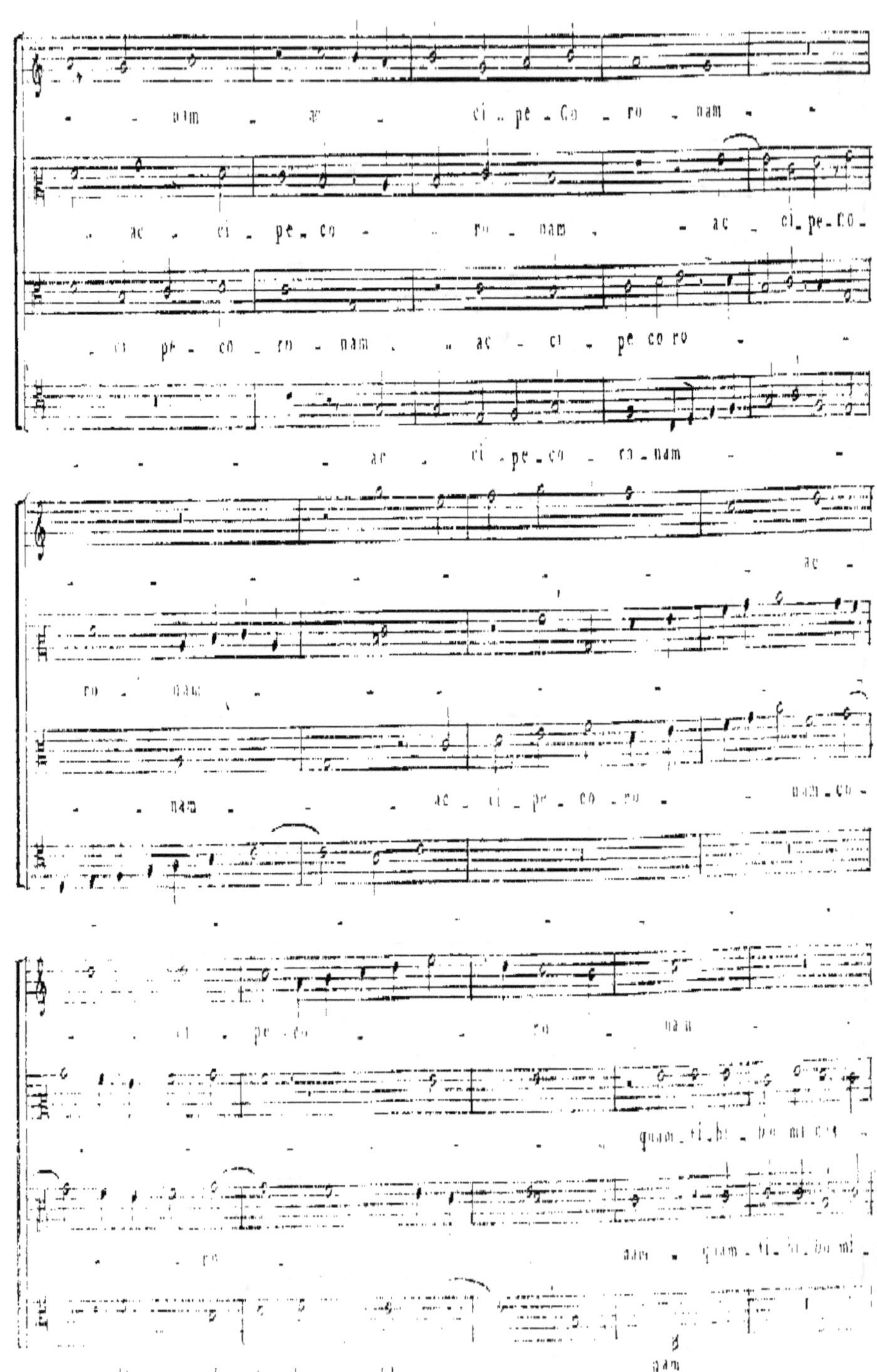
nam ac ci pe Co ro nam
ac ci pe co ro nam ac ci pe co
ci pe co ro nam ac ci pe co ro
ac ci pe co ro nam
ac
ro nam
nam ac ci pe co ro nam co
ci pe co ro nam
quam ti bi Do mi nus
nam quam ti bi Do mi
nam

quam - ti - bi - Do - mi - nus - Do - mi - nus
Do - mi - nus - quam - ti - bi
nus Do - mi - nus - Do
quam - ti - bi - Do - mi - nus - Do
quam - ti - bi - Do - mi - nus - quam - ti
Do - mi - nus - quam - ti - bi Do
mi - nus
quam
pre - pa - ra - vit - ti
quam - ti - bi - Do - mi - nus

ter - num - pre - pa - ra vit - in - ae - ter
num - pre - pa - ra - vit - in - ae
pre - pa - ra - vit - in - ae - ter - num in
ra - vit - in - ae - ter - num
num - pre - pa - ra - vit
ter - num - pre - pa
ae - ter - num
ae - ter - num
ra vit in ae - ter - num - in - ae - ter - num
pre - pa - ra - vit - in - ae - ter - num

N.o 15.

8.e TON 1.re EX.

(Del P. C. Porta.

al _ le _ lu _ ja
al - le - lu - ja
al _ le _ lu _ ja
al _ le _ lu _ ja
Ho _ stem
Ho stem _ re _ pel _ las _ lon
Ho _ stem _ re _ pel _ las _ lon gi
Ho _ stem _ re _ pel

pa cem que do nes pro
pa cem que do nes
pa cem que do
las les gi us pa cem que do nes
ti nus do
pro ti nus
nes pro ti nus du
pa cem que do nes pro ti nus
cto re sic te prae vi
du cto re sic te
cto re sic te prae vi o te prae
du cto re sic te

vi - te - mus - om ne - no - xi - um
prae - vi - o - vi - te - mus - vi
vi - vi - te mus om
prae - vi - o - vi - te - mus - om ne - no xi um
vi
te - mus - om - ne - no - xi um
ne - no - xi - um - vi
te mus om ne no xi um om ne no xi um
vi - te mus om ne no xi um
te - mus om - ne xi - um
vi - te - mus - om ne no xi um

N° 17

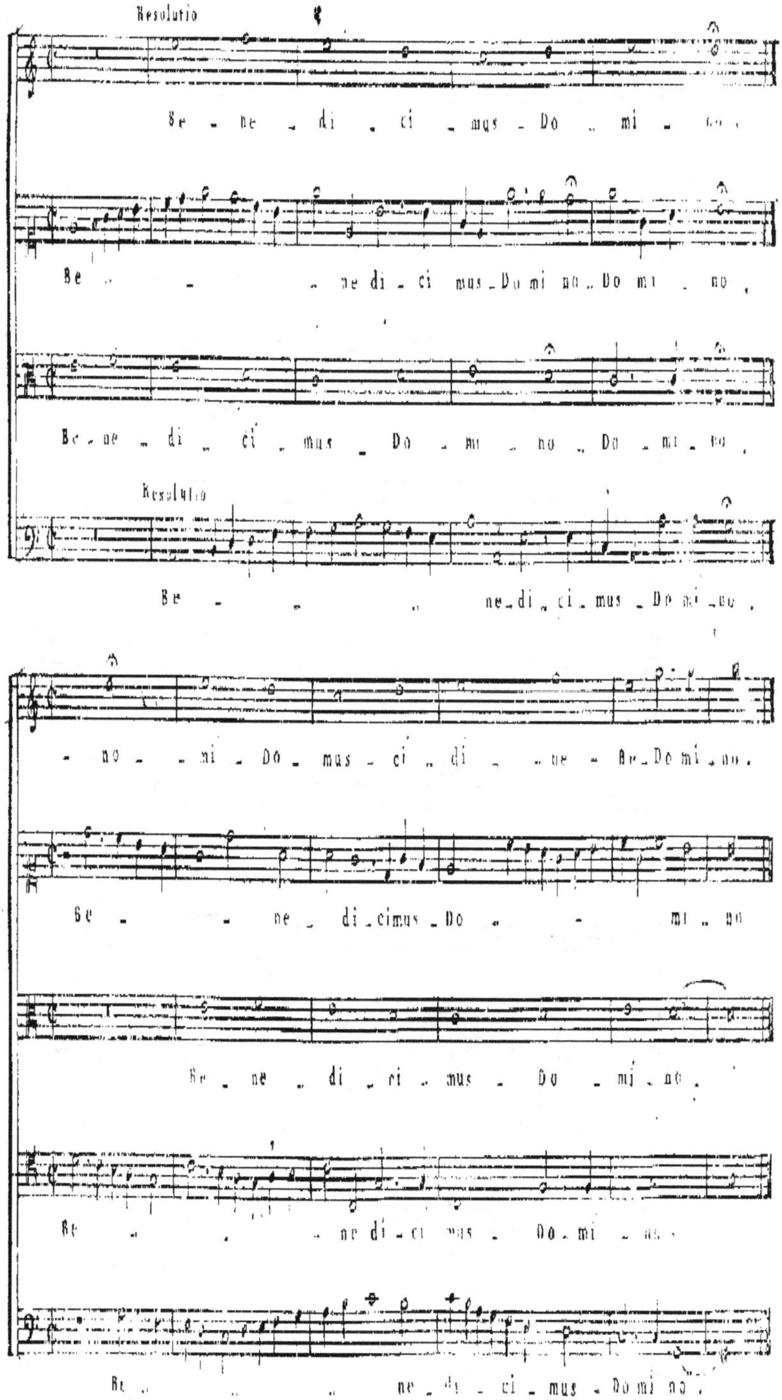

Resolutio

Be - ne - di - ci - mus - Do - mi - no.

Be - - - ne di - ci mus - Do mi no - Do mi - no.

I

Be - ne - di - ci - mus - Do - mi - no - Do - mi - no.

Resolutio

Be - - - ne - di - ci - mus - Do mi - no.

- no - - mi - Do - mus - ci - di - - ne - Be - Do mi - no.

Be - - ne - di - cimus - Do - - - mi - no

II

Be - ne - di - ci - mus - Do - mi - no.

Be - - - ne di - ci mus - Do - mi - no.

Be - - - ne - di - ci - mus - Do mi no.

C. Canon ad sub. Diapente cum Dirono; Contraria contrariis curantur.
Be - ne - di - ci - mus - Do - mi - no.
Bene di ci mus Do - mi - no.
Resolutio.
III.
Be - ne - di - ci - mus - Do - mi - no.
Bene di - cimus - Do - mi - no.
Benedicimus - Do - mi - no - Do - mi - no.
d
Resolutio
Be - ne - di - ci - mus - Do - mi - no.
Benedi - ci mus - Do - mi - no.
IV.
Be - ne - di - ci - mus - Do - mi - no.

V

N°. 18.

TON

DIA.Willaert.

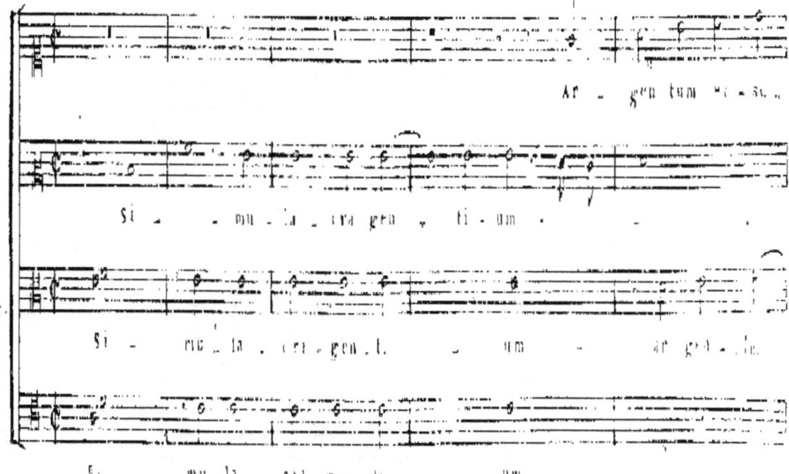

rum _ ar _ gentum _ et _ au -
ar _ gentum _ et _ au _ rum _ o _ pe _ ra
et _ au _ rum _ ar gentum _ et _ au -
ar _ gen tum _ et _ au _ rum _ o
rum _ o _ pe _ ra _ ma _ nu um ho _ mi _ num
pe _ ra _ ma _ nu _ um _ ho mi _ num _ ho _ mi _ num,
rum _ o _ pe _ ra _ ma _ nu _ um _ ho _ minum ho _ mi _ num,
pe _ ra _ ma _ nu _ um _ ma _ nuum _ ho _ mi _ num,
N° 19
ANTIENNE
Del T. C. Porta
quam _ fe cit _ Do _
quam fe _ cit _
quam fe cit Do _ mi _ nus _ haec di _

mi nus haec di es quam fe cit Do mi nus quam fe cit Do
Do mi nus quam fe cit
es quam fe cit Do mi nus haec
Do mi nus
mi nus e xul te mus
Do minus e xul te mus ex u te mus
di es quam fe cit Do mi nus e
ex ul te
et lae te mur in e a haec di es
e lae te mur in e a et lae te mur
xul te mus e lae te mur in e
mus

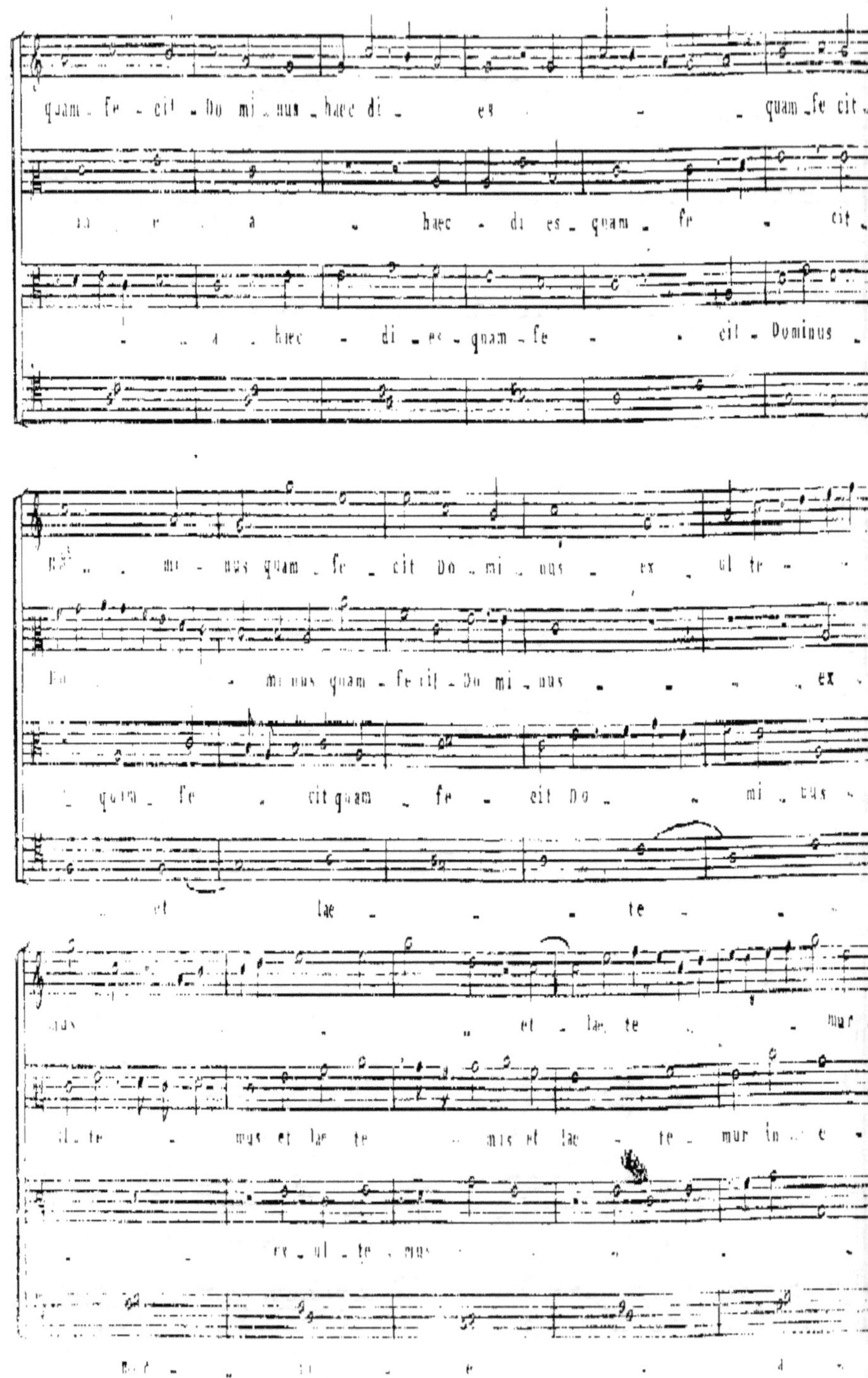
quam fe cit Do mi nus haec di es quam fe cit
haec di es quam fe cit
haec di es quam fe cit Dominus
mi nus quam fe cit Do mi nus ex ul te
mi nus quam fe cit Do mi nus ex
quam fe cit quam fe cit Do mi nus
et lae te
et lae te mur
mus et lae te mus et lae te mur in e
ex ul te mus

in e a ex ul te mus
a ex ul te mus et lae te
et lae te mur in e a ex ul te mur
a
et lae te
mur et lae te mur in e a ex
et lae te mur in e a
mur in e a et lae te mur in e a
ul te mus et lae te mur in e a
ex ul te mus et lae te mur in e a

N.o 1.
Fuga a quattro Voci
di G. P. L. da Palestrina
Al _ la
Al _ la _ ri _ va-del _ Te _
Al _ la _ ri _ va del _ Te _ _ bro del
Al _ la _ ri _ va _ del _ Te _ bro _ _ _
_ ri _ va _ del _ Te _ bro _ _ Gio _ vi _ net _ to _ vidd' _ io _ va
_ bro _ del _ _ _ Te _ bro _ Gio _ vi _ net _ to _ vidd' i _ o
_ Te _ _ _ bro _ Gio _ vi _ net _ to vidd' io _ Gio _ vi _ net
Gio _ _ vi _ net _ to _ vidd' io _ va _ go _ Pa _ sto _ re _
_ go _ _ Pa stor _ va _ go _ Pa _ sto _ re _ Gio _ vi _ net _ to _ vidd' _ io _ va go _ Pa
_ va _ go Pa _ sto _ re _ Gio _ vi net _ to _ vidd' i _ o _ va _
to vidd' io va _ go _ Pa _ sto _ re _ Gio _ vi _ net _ to vidd' io va _ _
Gio _ vi net _ to vidd' io _ vidd' io _ _ va _ go _ Pa

sto - re - mandar tai - vo - ci - fuo
- go - Pa - sto - re - man - dar tai - vo - ci - fuo - re
go - Pa - sto - re - man dar tai - vo - ci - fuo - re - sa
sto - re - mandar tai - vo - ci - fuo - re
sa - tia ti - sa - tia - ti - cru - da
sa - tia ti - sa - tia - ti o - cru - da - De
sa - tia - ti - sa - tia - tio - cru - da - De
De - a del - la mia a - cerba e - re - a - ma
a - del - la - mia a - cerba - e - re - a - ma - dir - non - puo
De - a del - la - mia - a cerba e - re
a - del - la mia a - cer - ba e - re - a - ma - dir - non

N°. 2.
Fuga a cinque Voci.
Di Claudio Monteverde.
Strac - cia - mi - pur - il -
Strac - cia - mi - pur - il - co - re - ra - gion - e -
Strac - cia - mi - pur - il -
Straccia - mi - pur - il - co - re - ra - gion - e - ben - in -
Straccia - mi - pur - il - co - re - ra - gion - e - ben - in -
co - re - ra - gion - e - ben - in - gra - to
ben - in - gra - to - che
co - re - ra - gion - e - ben - in - gra - to - che
gra - to - straccia - mi - pur - il - co - re - ra - gion - e
gra - to - che
Che - se - t'ho tropp - a - ma - to
se - t'ho - tropp - a - ma - to - che
se - t'ho - tropp - a - ma

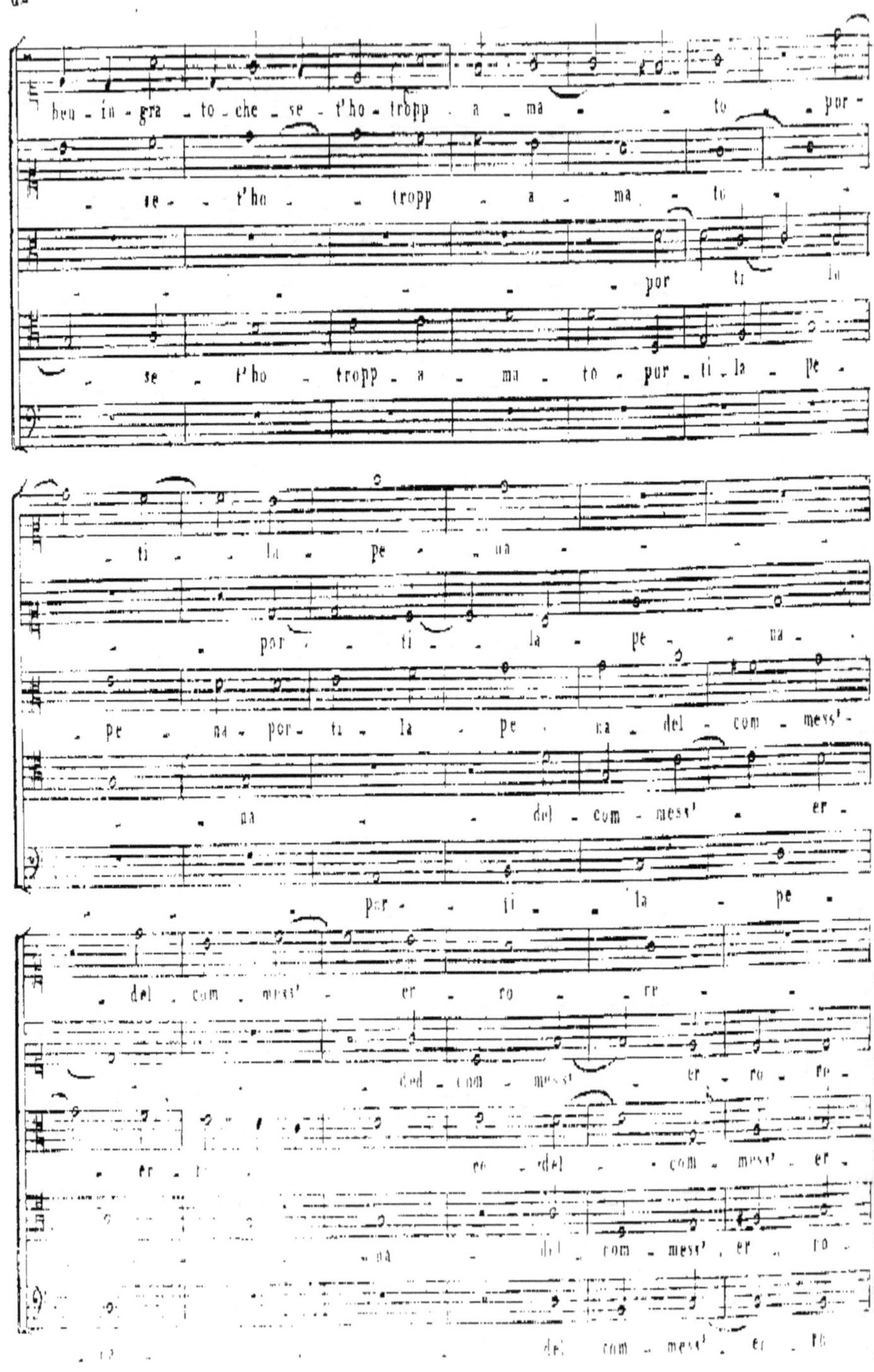
ben - in - gra - to - che - se - t'ho - tropp - a - ma - to - por -
se - t'ho - tropp - a - ma - to
por ti la
se - t'ho - tropp - a - ma - to - por - ti - la - pe -
ti - la - pe - na
por - ti - la - pe - na
pe - na - por - ti - la - pe - na - del - com - mess' -
na - del - com - mess' - er -
por - ti - la - pe
del - com - mess' - er - ro - re
del - com - mess' - er - ro - re
er - re - del - com - mess' - er
na - del - com - mess' - er - ro
del - com - mess' - er - ro

ma per-che - ma - per - che - strac ci - fai - ma - per che -
ma - per - che - ma - per - che - strac - ci - fai - ma - per - che - ma - per -
ro - re - ma per che - ma per - che -
re - ma per - che strac ci - fai
ro - re - ma per - che - stracci - fai
strac - ci - fai - del - la mia - fe - de - che - co - pa ha - l'in - no - cen - te - se -
che - strac - ci - fai del - la - mia - fe - de - che - col - pa ha - l'in no - cen - te -
strac - ci - fai - de - la - mia - fe - de - che - col - pa ha - l'in - no - cen - te - se -
che - col - pa - ha - l'in - no - cen - te
la - mia - fiam - m'ar - den - te - non - me - ri - ta - mer - ce - de -
se - la - mia fiamm'ar - den - te
la mia - fiam - m'ar - den - te - se - la - mia fiamm
se la mia fiamm'ar den te
se - la mia fiamm' -

non me - ri - ta mer - ce - de
non me - ri - ta mer - ce - de
ar - den - te non me - ri - ta mer - ce - de non
non me - ri - ta mer - ce - de se la mia fiam - mar - den
ar - den - te se la mia fiamm
ah non la
ah non la
me - ri - ta non me - ri - ta mer - ce - de ah non la
te non me - ri - ta mer - ce - de ah non la mer - ta il
te ar - den - te non me - ri - ta mer - ce - de ah non la
mer - ta il mio fe - del fe - del ser - vi - re ah non la mer - ta il
mer - ta il mio fe - del ser - vi - re ah non la mer - ta il mio
mer - ta il mio fe - del ser - vi - re ah non la mer - ta il
mio fe - del ser - vi - re
mer - ta il mio fe - del ser - vi - re

mio fe del ser vi re ma strac cia pur ma straccia pur cru de
fe del servi re ma strac cia pu ma strac cia pur cru de
mio fe del ser vi re ma strac cia pur ma strac cia pur cru de
ma straccia pur ma straccia pur ma stra cia pur cru de
ma strac cia pur ma strac cia pur cru de
le non puo mo rir d'a mor al ma fe
le non puo mo rir d'a mor al ma fe de
le non puo mo rir d'a mor al ma fe de le
le non puo mo rir d'a mor al ma fe
le non puo mo rir d'a mor al ma fe
de le forge ra nel mo rir qua si fe ni ce la fe de
le forge ra nel mo rir qua si fe ni ce
la fe de mia piu
de le forge ra nel mo rir qua si fe li ce la fe de
de le

mia più bella e più fe li ce la fe de mia più bel
la fe de mia più bella e più fe li ce sorge la nel morir qua
la forge ra nel mo rir qua si fe li ce
mia più bella e più fe li ce forgera nel morir qua si fe li
la fe de mia più bel la sorge ra nel morir qua si fe
la e più fe li ce la fe de mia più bel
si fe li ce la fe de mia più bel la e più fe li ce
forge ra nel mo rir qua si fe li ce la fe de
ce la fe de mia più bella e più fe li ce la
li ce la fe de mia più bella e più fe li ce la fe de
la la fe de mia più bel la e più fe li ce
la fe de mia più bella e più fe li ce
mia più bel la e più fe li ce
fe de mia più bel la e più fe li ce e più fe li ce
mia più bel più fe li ce

N.° 3.

Di A. Scarlatti.

guir lan
co languir te co lan guir
te co lan guir
che fai te co lan guir lan guir
fai te co lan guir lan
guir l'a ni ma mi a l'a ni ma mi
l'a ni ma mi a l'a ni ma mi a l'a ni ma mi a l'a ni ma
l'a ni ma mi a l'a ni ma mi a l'a ni ma
l'a ni ma mi a l'a ni ma mi
guir l'a ni ma mi a l'a ni ma mi
a o di i cal di sos pi ri
mi a o di i cal di sos pi ri
mi a o di i cal di sos pi ri
a o di i cal di sos pi ri
o di i cal di sos pi ri

o-di i-cal di sos pi-ri o-di-i-cal
o di-i cal-di-sos-pi ri
o di-i-cal-di-sos-pi ri o-di-i
o-di-i-cal-di-sos-pi ri o-di-i
o-di-i-cal di sos pi ri
di sos pi ri a te l'in-vi a la-pie-ta
a-te l'in vi a la pie
cal di sos pi ri a-te l'in-vi a
cal di sos-pi ri a te l'in-vi a
a te l'in-vi a
te e e'l de-si-re la-pie ta te
te te e'l de-si re la pie-ta te la-pie-ta
la pie ta-te la pie-ta te
la pie-ta
la-pie ta te e'l de-si-re la pie-ta

la pie ta te c'l de si re
ta te c'l de si re s'io ti po tes
la pie ta te c'l de si re s'io ti po tes si
te la pie ta te c'l de si re
re e'l de si re s'io ti po tes
s'io ti po tes si s'io ti po tes si dar mo
si dar s'io ti po tes si dar mo
dar s'io ti po tes si dar mo
s'io ti po tes si dar mo
si dar mo ren
ren do a i ta mor re
ren do a i ta mor re
ren do a i ta mor re
ren do a i ta mor re mor
do a i ti mor re

i per dar ti vi ta per
i per dar ti vi ta
i per dar ti vi ta
re i per dar ti vi ta per dar
i per dar ti per dar ti vi
dar ti vi ta per dar ti vi ta
per dar ti vi ta per dar ti vi ta
per dar ti vi ta per dar ti vi ta
ti per dar ti vi ta
ta per dar ti vi ta
ma vi vi ma vi vi ma vi vi ma vi
ma vi vi ma vi vi ma vi vi
ma vi vi ma vi vi chi ma vi vi ma
ma vi vi ma vi vi chi ma ma vi vi
ma vi ma vi vi ma vi

vi ohi me ma vi vi ma vi vi ohi me
ohi me ma vi vi vi vi ohi me
vi vi ohi me ohi me ma vi
ma vi vi ohi me ohi me ohi me vi
vi ma vi vi ohi me ohi me
ohi me che in giusta mente mo re chi vi vo tien nell' al trui
ohi me che in giusta mente mo re
vi ohi me
vi ohi me
ohi me che in giu sta
petto il co re nell'al trui petto il co re
chi vi vo tien nell' altrui petto il co re nell' al trui pet to il co
che in giusta mente mo re chi vi vo tien nell' al trui
che in giu sta
men te mo re

che in giu-sta-men-te-mo-re chi vi vo
pet to il co re il co re
men te mo re chi vi vo tien nell' al trui pet to il co
co re
tien nell' al trui pet to il co re che in giu sta men te
re chi vi vo tien nell' al trui pet to il
che in giu sta mente mo re
re il co re che in giu sta
che in giusta men te mo re chi vi vo tien nell'altrui pet to il co
mo re
co re che in giu sta
che in giu sta men te mo
men te chi vi vo tien nell' al trui pet to il co
re che in giu sta men re mo

chi - vi - vo - tien - nell' - al - trui - pet - to - il - co -
men te - mo - re - chi - vi - vo -
re - chi - vi - vo - tien - nell' - al - trui pet - to il -
re - che in - giu - sta - men - te - mo -
re - mo - re
re
tien - nell - al - trui - pet to - il - co - re - che in giu sta -
co - re - il - co -
re - chi - vi vo - tien - nell' - al - trui - pet - to il co -
chi - vi vo - tien - nell' al - trui - pet - to il -
che in - giu - sta - men - te - mo -
men te - mo - re
re - che in - giu - sta - men te - mo
re - che in giu - sta men te - mo -
che in giu sta - men te - mo

re - - chi - vi vo - tien - - - - - -
chi - vi - vo - tien - - - chi - vi - vo -
re - - chi - vi - vo vi vo tien
re - - chi - vi - vo - tien - nell' - al - trui - pet - to il co -
re - - chi - vi - vo - tien - nell' - al - trui petto - il - co -
che in - giu - sta - men te - mo - re - chi - vi - vo - tien - nell' - al - trui -
tien - nell' al - trui pet - to - nell' al - trui - pet - to - il -
che in - giu - sta - men - te - mo - re - - - - chi - vi - vo -
re - nell' - al - trui - pet - to - il - co - - -
re - - - chi - vi - vo - tien - nell' - al - trui -
pet - to il - co - - - re - il - co - - - - re -
co - - - - - - - - re -
tien nell' - al trui - pet - to il - - co - re -
re il co re -
pet to - il - co re -

Adagio a tempo
Cantate
par
A. Scarlatti.
An _ da _ te _ an da _
te o mie _ sos _ pi ri _ o miei _ sos pi _ ri _ al _ cor _ d'I _ re _ ne _
_ an da _ te _ an da _ te an da _ te o miei sos pi _ ri o miei _ sos
pi _ ri _ al cor _ al cor _ d'I _ re _ ne
del _ mio _ te pe
sap _ pia _ sap pia _ da _
te _ sa pra _ te _ sa _ pra _ se _ de _ le _

che per ha ver ris to ro al suo do lo re tut ta
tut to con voi sen vie re anch il mio co re an
da re eo quel bel se no tan to chan so lo al me no esso na
col ga pen del mio s cla o qu'an di voi sag gi
Andante
an da te an da
te al or d'a re ne an da te an da te al or d'a re ne al cor d'a
re ne mie i sos pi ri cor d'a re ne

ARIA.
se _ ve _ dret _ te _ il _ cor _ di _ le _ i - pien _ del
so _ li _ to _ ri _ go re _ sfor _ tu _ na _ te _ non _ le _
di _ te _ che par ti _ te _ dal mio cor _ che par ti _ te _ dal _ mio
se _ ve _ dret _ te il _ cor _ di _ le _ i _ pien _ del
so _ li _ to _ ri - go _ re _ sfor _ tu _ na _ te _ non _ le _ di _ te _ che par

ti te dal mio cor che par ti te dal mio cor
ma te non le di te che par ti te del mio
cor
ma se poi di mostra a voi di gra di re il vos tro ar dor ditte all
cor che sie te mi ei che a le i vi man da a mor vi
man da vi man da a mor ma le poi di mostra

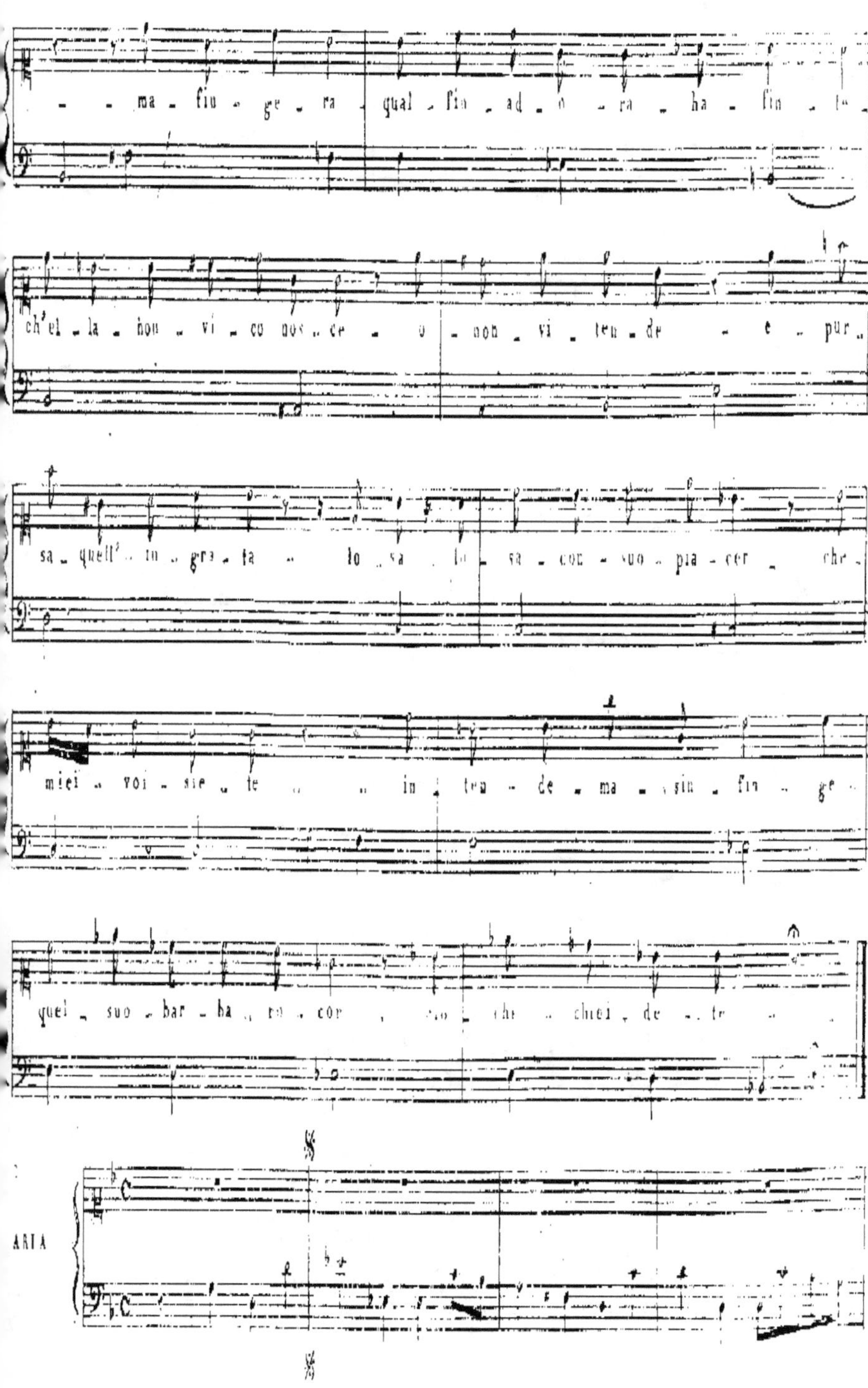
ma - fin - ge - ra qual - fin - ad - o - ra - ha - fin - te -
ch'el - la - non - vi - co nos - ce - o - non - vi - ten - de - e - pur -
sa - quell' - in - gra - ta - lo - sa - lo - sa - con - suo - pia - cer - che -
miei - voi - sie - te - in - ten - de - ma - sin - fin - ge -
quel - suo - bar - ba - ro - cor - che - chiei - de - te
ARIA

Se non vac co glie n se no res tar res tar
pe tre te al me no del la mia bel la del la mia bel la al
pe del la mia bel la del la mia bel la al
pe se non vac co glie
pe tre te al me no del la mia

bel la res tar potra te al me ro del la mia
bel la de la mia bel la al pie res tar potre te al me no
del la mia bel la del la mia bel la al pie del la mia bel la al
pie
In fin che un di vi mi vi in voi qual sia mia

fe - e un - sol de - suoi - sos - pi - ri - spar - ga - spar - e
- ga - co - lei - per - mà - in - fin ch'un - di - ri - mi -
- in - ver - qual sia mia - fe - e un - sol - de - suoi - sos -
pi - ri - spar - ga - spar - ga co lei - per -
me - e un - sol de suoi - sos - pi - ri - spar - ga -
- spar - ga - co - lei - per - me

D.C. al 𝄋

FRAGMENT
de la même
CANTATE
Mise en Duo
par
FR. DURANTE
An - da - te - an - da -
te - o - miei - sos - pi - ri - o - miei - sos pi - ri - al - cor - d'I - re - ne.
An - da - te an - da - te o - miei - sos - pi - ri - o - miei - sos -

an _ da _ te _ an _ da -
pi _ ri _ al cor _ d'I re _ ne - _ an da _ te - an -
te _ an da _ te o _ miei _ sos _ pi _ ri o miei sos _ pi - ri al _ cor d'I -
da _ te _ an da _ te o miei sos pi _ ri o miei sos pi -
re _ _ ne _ al _ cor d'I re _ -
ri _ al cor d'I re _ ne _ _ _ al cor _ d'I re _

es _ so _ del _ mio le _ pe
sap pia _ sap pia _ da voi
es _ so _ del _ mio _ le _ pe
ben le _ sapra se _ di te _ che _ per a ver
sap pia _ sap pia da voi _ ben le sa pra _ se _ di te

te ra_ al _ suo _ do _ lo _ re _ _ _ tut to_ tut _ to _ con _ voi _ sen_
_ _ _ _ tut _ to _ _ tut _ to _ con _ voi _ sen_
vie _ ne _ anch _ il mio _ _ _ re _ an _ da _ te _ a _ quel bel_
Recit
vie _ ne anch _ il mio co _ _ re _ _ _ _

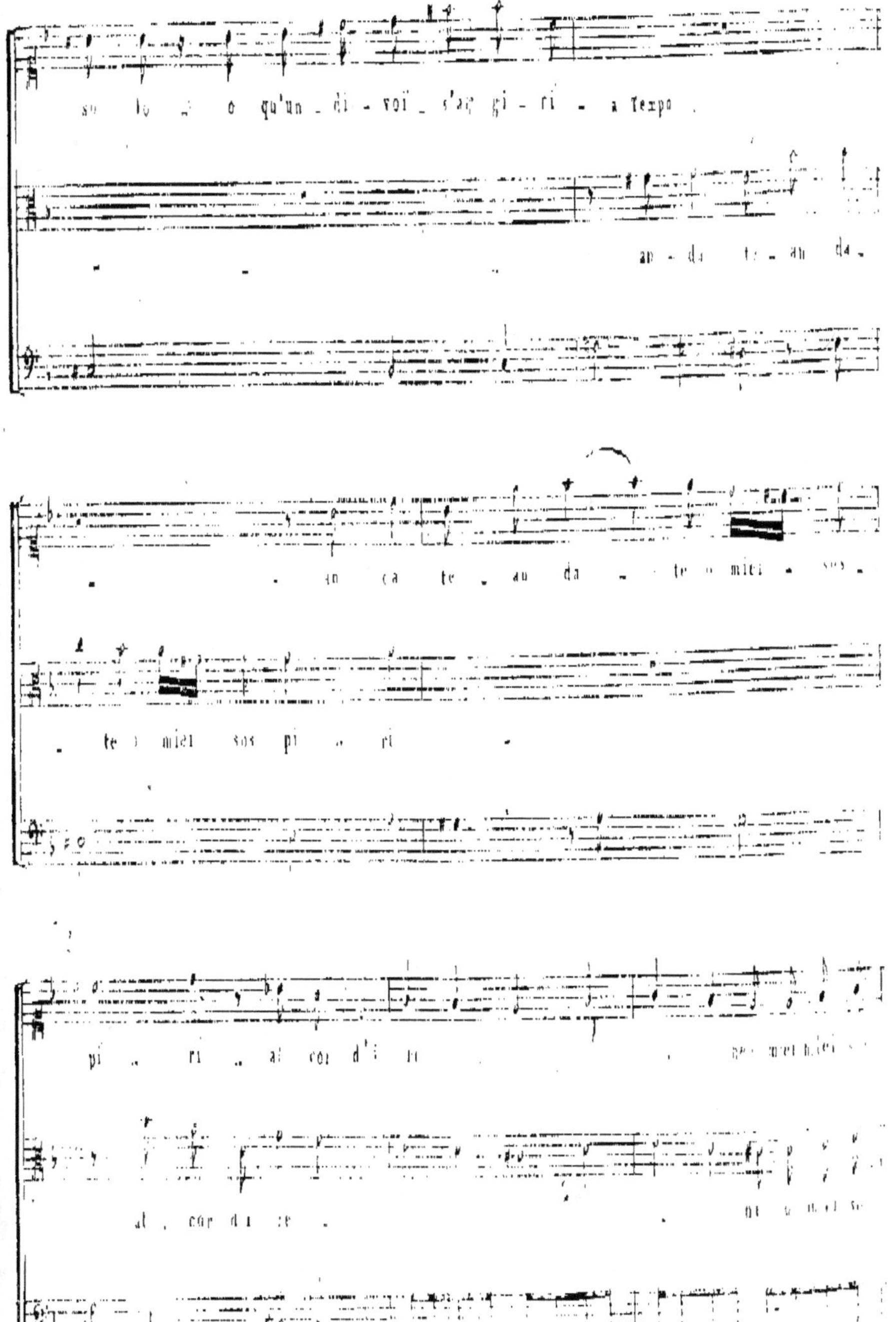

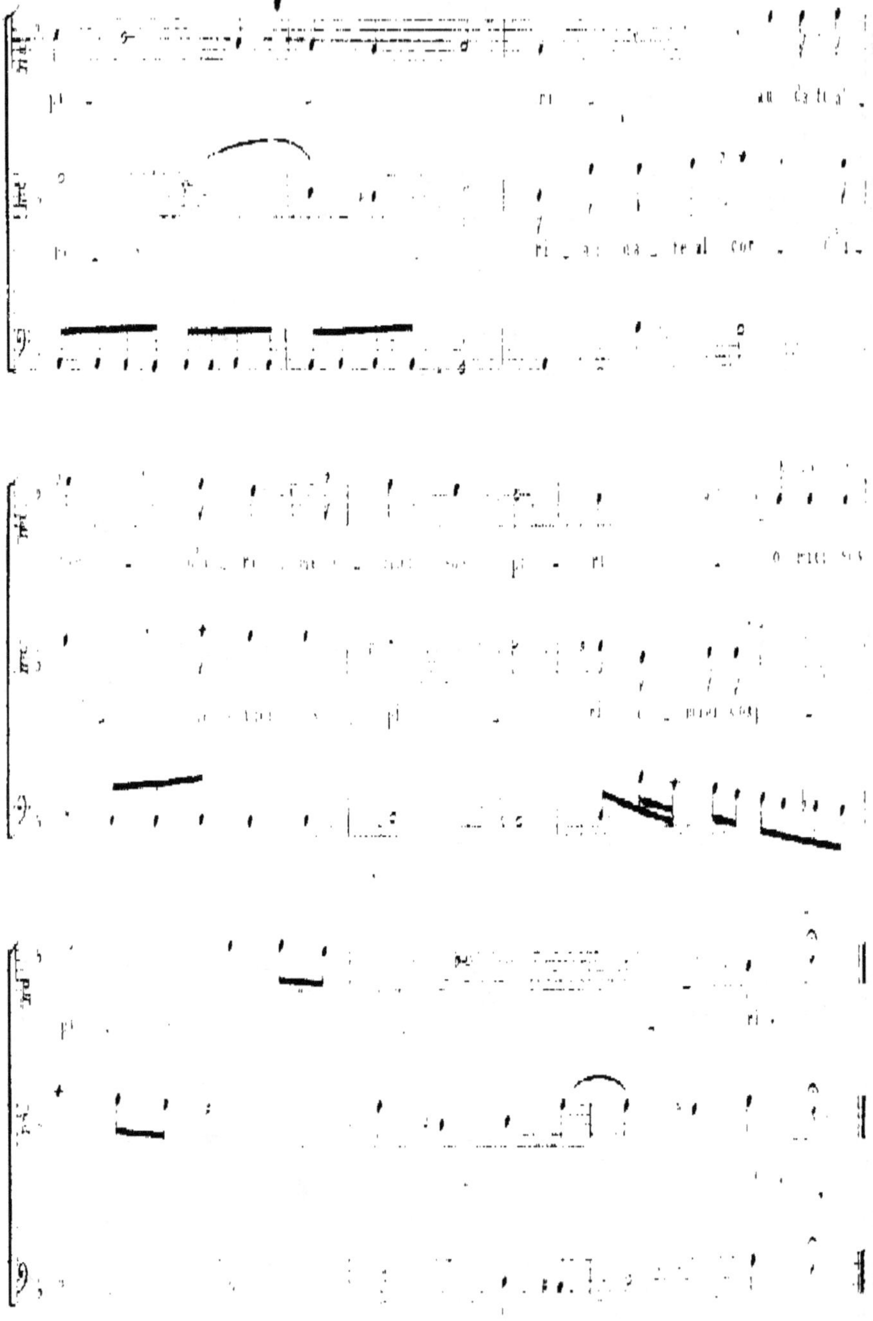

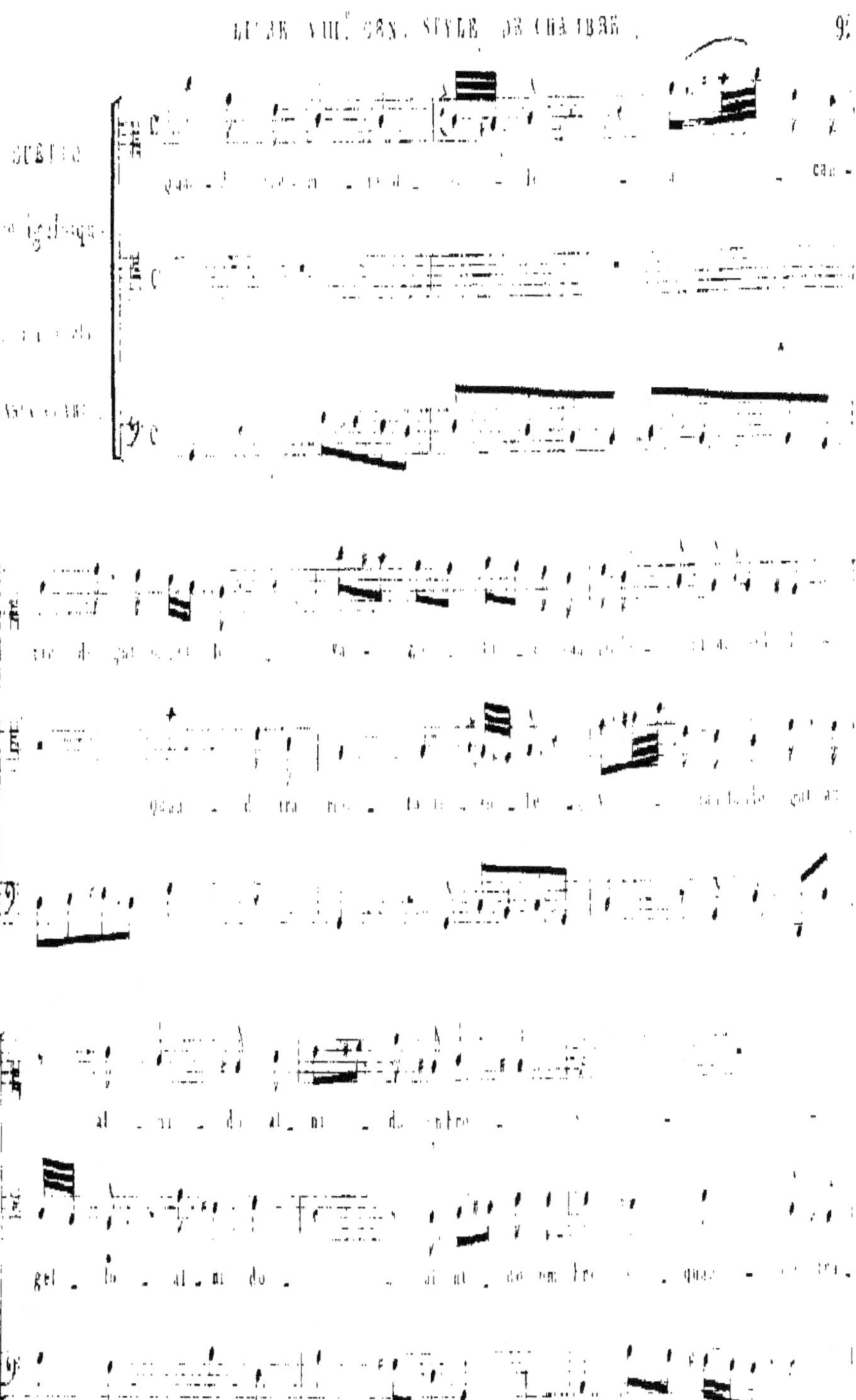

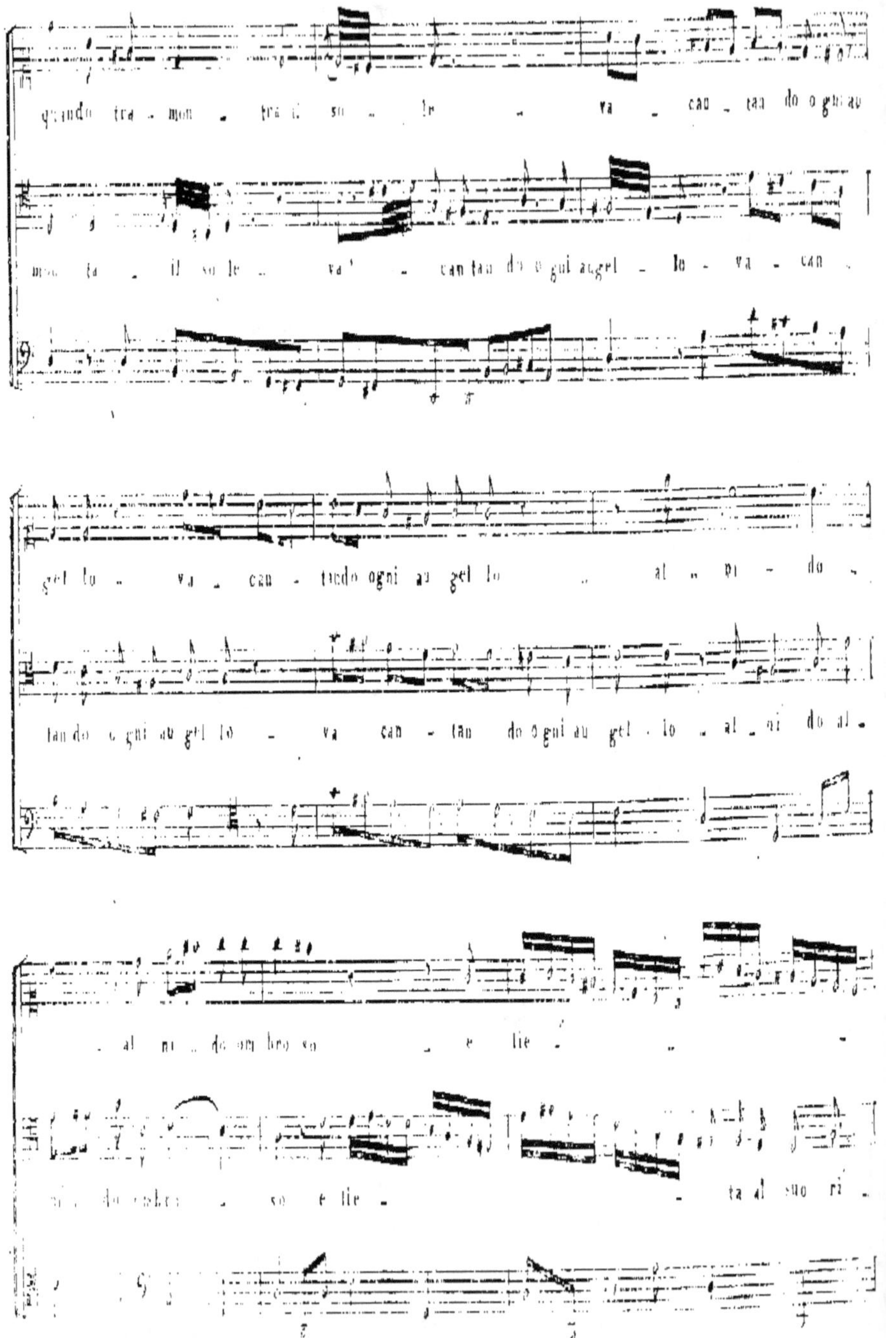
quando tra _ mon _ tra il so _ le _ va _ can _ tan do o gni au
mon ta _ il so le _ va _ can tan do o gni augel _ lo _ va _ can _
gel lo _ va _ can _ tado ogni au gel lo _ al _ ni _ do _
tan do o gni au gel lo _ va can _ tan do o gni au gel _ lo _ al _ ni do al _
al ni _ do om bro so _ e lie _
so e lie _ ta al suo ni _

ta al suo ri po so Si gel la ri con dur la guel le la
po so Si gel la ri con dur l'a guel le l'a
guel le suo le quando fra monta il so le e lie
guel le suo le va can tan do o gni angel lo e
ta al suo ri po so Si gel la ri con dur Si
lie o ta al suo ri po so quan do tra

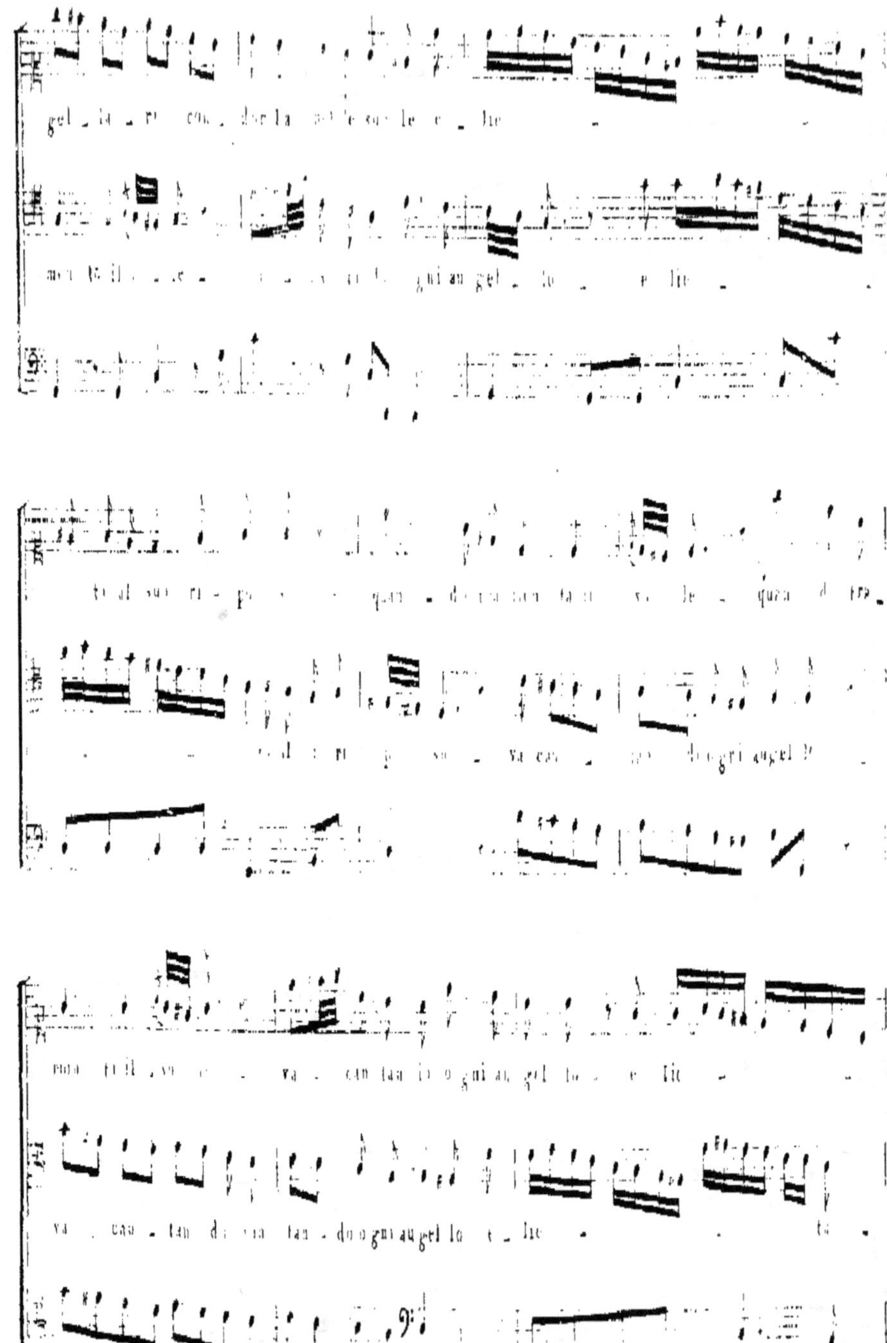

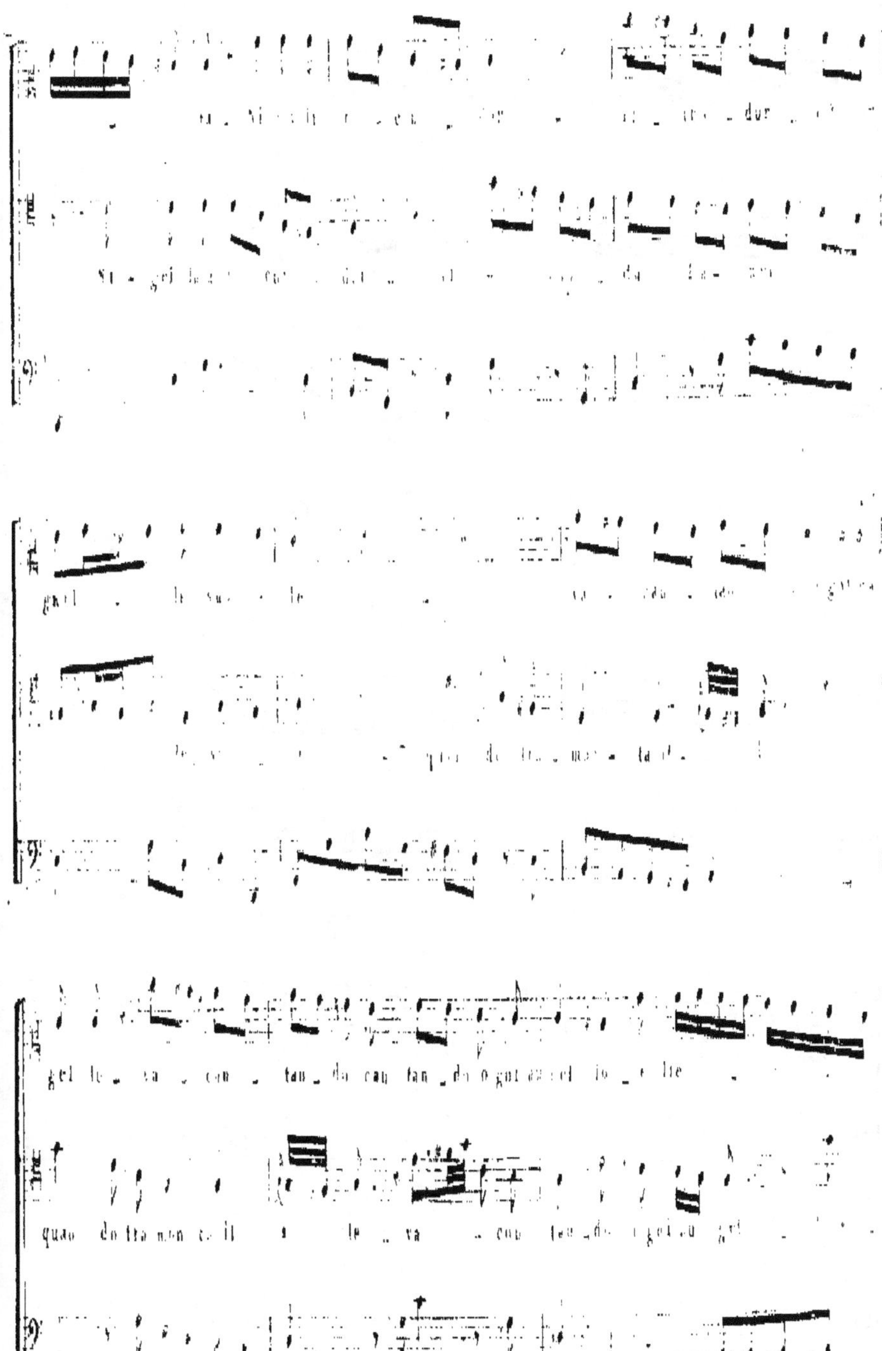

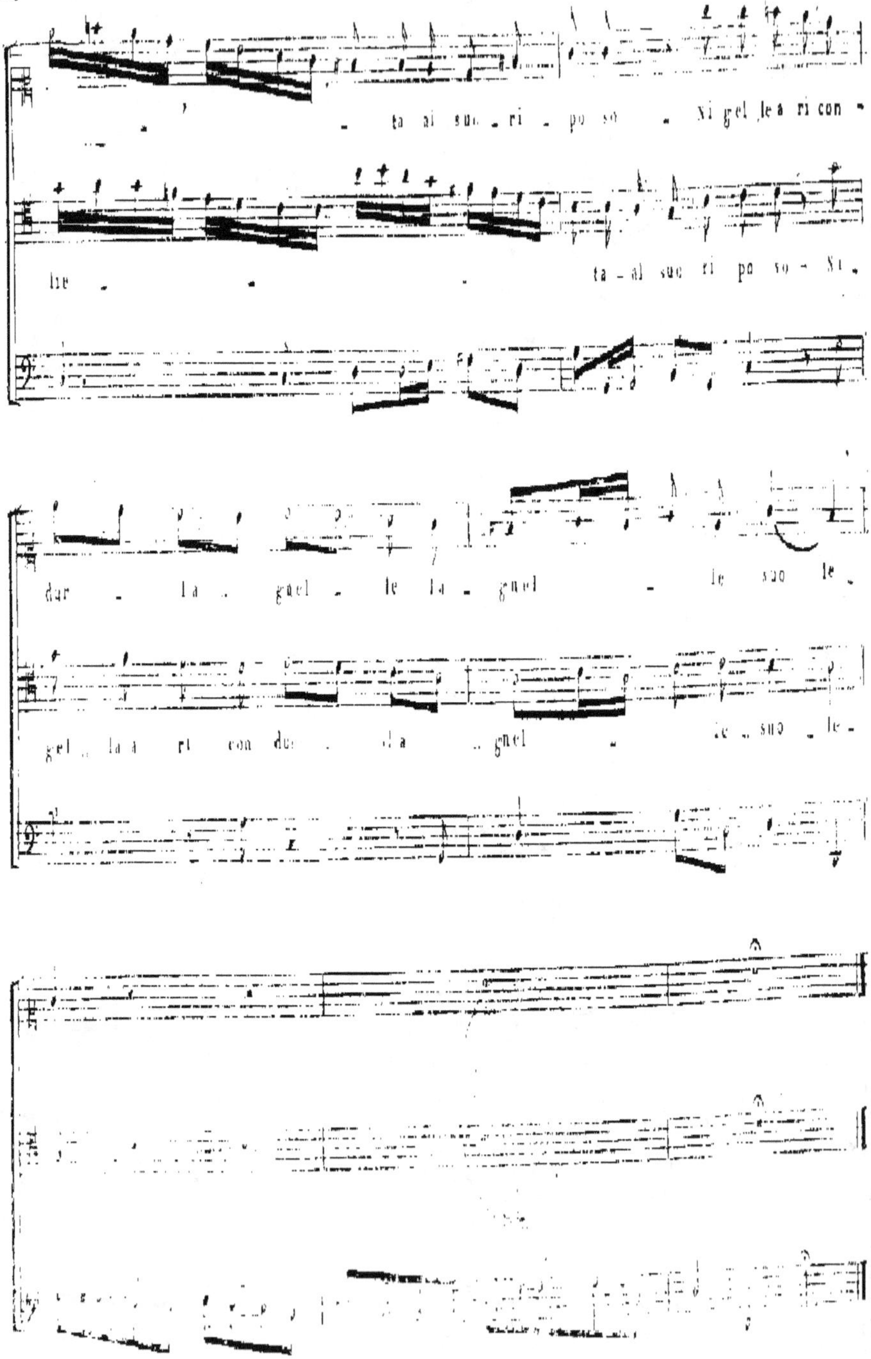

ta al suo ri po so Si gel le a ri con

ne ta al suo ri po so Si

dar la gnel le la gnel le suo le

gel la a ri con da la gnel le suo le

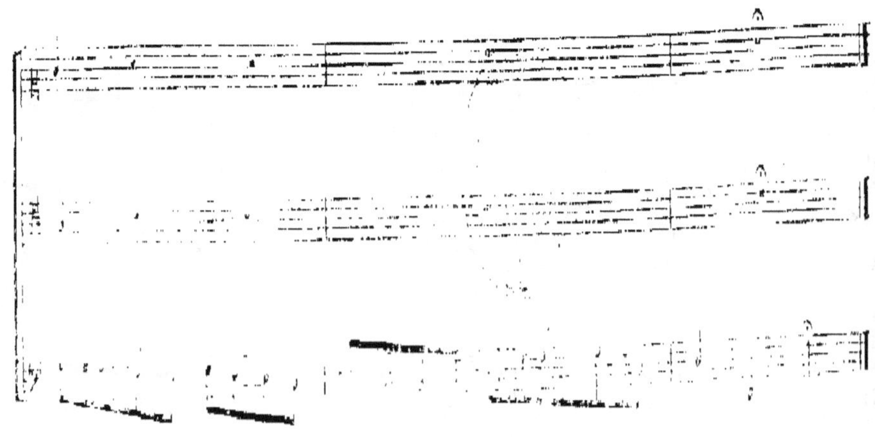

www.ingramcontent.com/pod-product-compliance
Lightning Source LLC
LaVergne TN
LVHW020026170826
845678LV00001B/129

* 9 7 8 2 3 2 9 7 5 8 4 7 3 *